# Eiszeitkunst

im Süddeutsch-Schweizerischen Jura

W0295247

# Eiszeitkunst

## im Süddeutsch-Schweizerischen Jura

*Anfänge der Kunst*

Claus-Stephan Holdermann, Hansjürgen Müller-Beck,
Ulrich Simon

Mit Beiträgen von
Nicholas J. Conard, Harald Floss, Martin Porr und
Jürgen Waiblinger

Herausgegeben von
Hansjürgen Müller-Beck, Nicholas J. Conard und
Wolfgang Schürle

Theiss

# 28 Alb und Donau
Kunst und Kultur

Finanziell gefördert durch
die Oberschwäbischen Elektrizitätswerke (OEW), Ulm
sowie die Sparkasse Ulm

*Autoren:*
Nicholas J. Conard, Tübingen
Harald Floss, Tübingen
Claus-Stephan Holdermann, Blaubeuren
Hansjürgen Müller-Beck, Tübingen
Martin Porr, Southampton
Ulrich Simon, Tübingen
Jürgen Waiblinger, Tübingen

Die Deutsche Bibliothek – CIP-Einheitsaufnahme

Ein Titeldatensatz für diese Publikation ist bei
Der Deutschen Bibliothek erhältlich.

*Umschlaggestaltung:* Finken & Bumiller, Stuttgart, unter Verwendung zweier Fotos von Hendrik Zwietach, Württembergisches Landesmuseums Stuttgart (Adorant aus dem Geißenklösterle, Vor- und Rückseite)

© Konrad Theiss Verlag GmbH, Stuttgart 2001
Alle Rechte vorbehalten
*Redaktion:* Claus-Stephan Holdermann, Blaubeuren
*Gestaltung:* Finken & Bumiller, Stuttgart
*Druck und Bindung:* Druckhaus Beltz, Hemsbach
ISBN 3-8062-1674-6

# Zum Thema

Seit der Steinzeit haben sich in den Tälern der süddeutschen und schweizerischen Karstgebirge einmalige Fundplätze erhalten. Besonders in Höhlen fanden die Menschen der Eiszeit sicheren Unterschlupf und hinterließen dort auch Zeugnisse ihrer Kultur.

Bereits ab Mitte des 19. Jahrhunderts führen Archäologen im Jura Ausgrabungen durch, die immer wieder sensationelle Funde ans Tageslicht fördern, besonders auf der Schwäbischen Alb. So hat man dort die bisher ältesten Kunstwerke der Welt gefunden! Dabei handelt es sich um

- verschiedene figürliche Kleinplastiken aus Mammutelfenbein, wie Höhlenbär, Höhlenlöwe, Wollnashorn, Mammut, Bison und Pferdedarstellungen;
- zwei tier-menschliche bzw. menschliche Gestalten, über die verschiedene Deutungen vorliegen;
- die ältesten Musikinstrumente der Welt: zwei Flöten aus Schwanenknochen, die Archäologen in Blaubeuren gefunden haben.

Diese Kunstwerke (und Fundplätze) sind leider bislang weitgehend unbekannt geblieben, von wenigen Fachleuten einmal abgesehen. Obwohl es sich hier um die älteste Kunst der Welt handelt, die seit langem erforscht ist, haben andere Fundstätten, etwa in Spanien oder Frankreich, eine breitere Beachtung gefunden.

Mit dem vorliegenden Buch soll auch auf die menschheitsgeschichtliche Bedeutung dieser Kunst von der Schwäbischen Alb aufmerksam gemacht werden.

Das vorliegende Thema setzt ein kleines Buch und eine Ausstellung von 1992 unter dem Titel „Eiszeitschmuck auf der Schwäbischen Alb“ fort. Wir verdanken dies alles auch Joachim Hahn, der das Gesamtprojekt nach seiner Konzeption leider nicht mehr erleben durfte.

Ich wünsche diesem Buch und vor allem seinem Thema eine weite Verbreitung. Vor allem hoffe ich, daß die Kultur des Eiszeitmenschen weiter erforscht und in ihrer Bedeutung besser bekannt wird.

*Ulm, im Mai 2001*
Dr. Wolfgang Schürle
Landrat

# Vorwort

Diese Ausstellung wurde schon von dem zu früh abberufenen Joachim Hahn, dem langjährigen Ausgräber im Ach- und Blautal und der dortigen ältesten Eiszeitkunst, und seiner Mitarbeiterin Anne Scheer konzipiert. Ihre jetzige Realisierung geht zudem auf die Anregung des Landrates des Alb-Donau-Kreises, Herrn Dr. Wolfgang Schürle, zurück und setzt die 1992 bereits im Landratsamt gezeigte Ausstellung „Paläolithischer Schmuck", die damals großes Interesse fand und auch im Urgeschichtlichen Museum Blaubeuren gezeigt wurde, im breiteren Kontext fort. Ohne die Unterstützung des Landkreises, der sich auch die Gesellschaft für Urgeschichte und Förderverein des Urgeschichtlichen Museums anschloß, wäre weder die neue Ausstellung noch die dazugehörige Publikation zu realisieren gewesen. Wir haben dafür beiden Institutionen und ihren Entscheidungsgremien zu danken.

Die Ausstellung konzentriert sich mit ihrem Thema „Eiszeitkunst im Süddeutsch-Schweizerischen Jura" erstmals auf diese sehr reizvolle Fundlandschaft. Die hier vorgestellten Funde stammen aus der in einer langen Geschichte gestalteten Höhlenlandschaft des süddeutsch-schweizerischen Jura. Er bildet vom Schweizerischen Mittelland bis zum Ingolstädter Becken eine Einheit. Daran schließt sich der höhlenreiche Donaudurchbruch bei Kelheim mit engerer Talung an, so wie sie einst auch beim heutigen Blaubeuren bestand, als diese Strecke noch von der Donau durchflossen wurde. Nach Kelheim strömen ihre Wässer südlich des jetzt weit nach Norden ausgreifenden Jura hinaus in die große, ebenfalls von Eiszeitschottern geprägte Bayerische Ebene, die bei Passau und in der burgenreichen, geschichtsträchtigen österreichischen Wachau noch einmal eingeengt wird, bevor der Fluß dann im Wiener Becken in die Lößsteppen des östlichen Europas hinaustritt. Dort gibt es bis weit nach Sibirien hinein ganz andere altsteinzeitliche Erhaltungs- und Fundpotentiale, die den Ausstellungsmachern interessante Vergleichsmöglichkeiten boten, um den Bezug zu einigen aktivitätsreichen Freilandstationen herzustellen, die bei uns vorerst noch kaum entdeckt unter Metern von Hangschuttlagen und Rinnensedimenten der Gewässer begraben sind.

Die Ausstellung ist als Wanderausstellung konzipiert. Sie zeigt die große Anzahl der wichtigsten aus Jurastationen stammenden eiszeitlichen Kunstwerke aus mehr als 30 000 Jahren durchweg als dreidimensionale Kopien, da die Originale wegen ihres hohen historischen Wertes, der dank ihrer Unverkäuflichkeit in Geldbeträgen nicht benennbar ist, und wegen ihrer Zerbrechlichkeit nicht beliebig transportierbar sind. Es geht vor allem darum, eine umfassende Gesamtschau zu vermitteln, die zumindest zeitweilig auch durch örtlich verfügbare Originale ergänzt wird. Zugleich wird damit ein Überblick über die Entwicklung der Eiszeitkunst in einer in sich ungewöhnlich geschlossenen Fundprovinz möglich, die so eingehend eine

Dauerausstellung schon aus Raumgründen nicht bieten könnte. Ihr Zweck ist es vor allem, den gegenwärtigen neuen Stand der Forschung zur Eiszeitkunst, die in den letzten Jahren durch Neufunde wie Tierköpfchen aus dem Hohlen Felsen in Baden-Württemberg oder die Venus von Galgenberg in Österreich ergänzt worden ist, zu vermitteln. Der Ausblick nach Westen bis hin zur dortigen Höhlenkunst und nach Osten hinaus in die Lößregionen mit ihren großen Stationen bleibt bewußt begrenzt. Doch er reicht aus, um die Jurafunde in einen größeren Zusammenhang zu stellen.

Daß die Erarbeitung und Gestaltung der Ausstellung durch Mitglieder der Abteilung für Ältere Urgeschichte und Quartärökologie am Institut für Ur- und Frühgeschichte und Mittelalterliche Archäologie der Universität Tübingen erfolgt, kommt nicht von ungefähr. Denn Tübingen bildet in seiner engen Verbindung zur Schwäbischen Alb mit deren weltweit bekannten Höhlenfundstellen seit weit über einem Jahrhundert einen der frühesten Schwerpunkte der internationalen Urgeschichtsforschung. Dazu kommt seit Gustav Riek, über 70 Jahre hinweg, durch die Vogelherdfunde und das spätere Wirken von Joachim Hahn auch die Erforschung der „Eiszeitkunst" als besonderer Schwerpunkt.

Ihnen als unseren Besuchern und Lesern wünschen wir viel Vergnügen und Unterhaltung bei der Auseinandersetzung mit den gezeigten Kunstwerken und den mit ihnen gebotenen Informationen.

*Tübingen, im Mai 2001*

PROF. DR. EM. HANSJÜRGEN MÜLLER-BECK
PROF. DR. NICHOLAS J. CONARD

# Inhalt

Die Ziffern in der Randspalte verweisen auf die Bildnummern im allgemeinen Teil, die KAT-Nummern beziehen sich auf die Fundstücke im zweiten Teil des Bandes.

# Eiszeitkunst im Süddeutsch-Schweizerischen Jura

*In der Urgeschichte ist das Thema „Eiszeitkunst“ von ungebrochener Aktualität. Dazu tragen nicht nur immer wieder neue und oft spektakuläre Funde bei, sondern auch die Fragen nach ihren Anfängen und Entwicklungen. In den vom süddeutsch-*
1 *schweizerischen Jura geprägten Landschaften ist es durch die dort seit über 125 Jahren bekannten Quellen besonders reizvoll, diesen Fragen nachzugehen.*

Die Relikte der eiszeitlichen Kunst streuen von Portugal bis nach Sibirien, über die ganze Weite des nördlichen Eurasiens. Zeitlich verteilen sie sich über eine Spanne von etwa 30 Jahrtausenden: Ein in sich vielfach gegliedertes und kaum noch zu überschauendes Material, das ständig durch neue spektakuläre Funde ergänzt wird. Die Originale sind über zahlreiche Museen verteilt und oft wegen ihrer Zerbrechlichkeit nicht ohne Risiko transportabel.

Es lag nahe, zugleich einer Anregung des Landrates des Alb-Donau-Kreises, Herrn Dr. Wolfgang Schürle, folgend, von Ulm aus in Form einer Wanderausstellung und einer diese erläuternden Publikation in einer begrenzten Region die aktuellen Probleme der Eiszeitkunst-Forschung darzustellen. Es trifft sich dabei besonders glücklich, daß gerade die Schwäbische Alb schon seit 1931 eine europaweit
2 ungewöhnliche Dichte der ältesten einschlägigen Objekte besitzt, die 1999 wieder durch einen neu ergrabenen Fund
KAT 26 aus dem Hohle Fels bei Schelklingen ergänzt wurden. Zu-
*Tafel* 18 dem bildet die Schwäbische Alb den Kern des süddeutsch-schweizerischen Juras. Sie gilt aufgrund ihrer Funde zur Eiszeitkunst als besonders privilegierte Region innerhalb dieses Mittelgebirgszuges mit seiner traditionsreichen Forschungsgeschichte. Schon vor gut 125 Jahren wurde bei Ausgrabungen im Kesslerloch, einer Jurahöhle unweit von
Schaffhausen, die Gravierung eines Renhirsches zusam- KAT 69
men mit Tausenden von Resten ehemals in der Eiszeit dort lebender und erbeuteter Rentiere und den von ihren Jägern hinterlassenen, typischen steinernen Waffen- und Werkzeugteilen gefunden.

Der auch für die aktuelle Steinzeitforschung so bedeutende
Jura erstreckt sich in einem weiten Bogen vom Genfer See bis 1
zum Fichtelgebirge. Seine Höhen, die hellen Kalke des sogenannten Weißen Jura, formen hierbei auch die Wasserscheide zwischen der Donau und Nebenflüssen des Rheins,
unter anderem dem Neckar. Gebildet wurde der Weiße Jura 3
im Erdmittelalter (230–60 Mio. Jahre) vor rund 157 bis 145 Millionen Jahren aus Kalkschlämmen und Riffen tropischer Flachmeere. Im Meer, auf dem Land und in der Luft strebten in dieser Zeit die Saurier ihrem Entwicklungshöhepunkt entgegen. Die Säugetiere, Kleinraubtiere und Insektenfresser spielten noch keine bedeutende Rolle im Tierreich.
Auf diese Perioden der tropischen Flachmeere des Weißen Jura folgten am Ende des Erdmittelalters in der Kreidezeit (145–65 Mio. Jahre) und in der Erdneuzeit (ab 65 Mio. Jahre) tektonische Hebungen zu Inseln und Festländern, erneute Überflutungen und endlich – bis auf weiteres – die

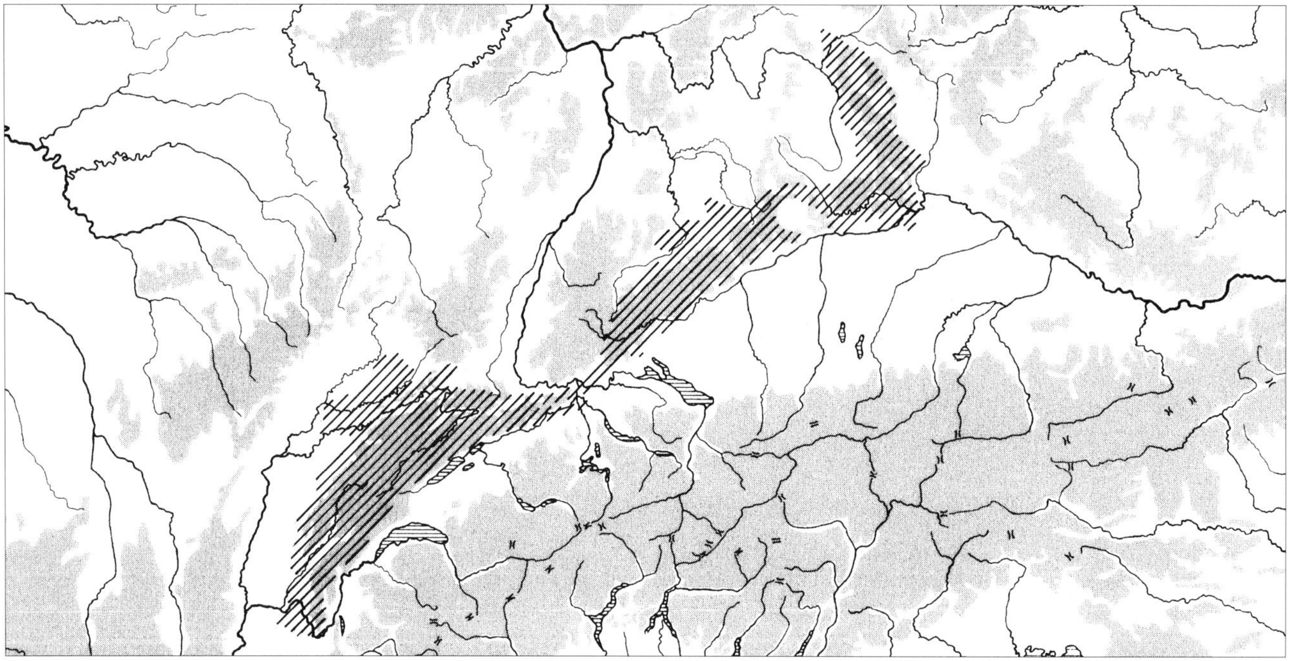

1 Der süddeutsch-schweizerische Jura: Brücke zwischen West, Ost, Süd und Nord.

Entstehung eines Herzstückes des kontinentalen Europa. Die Saurier verschwanden mit Ausnahme der die Lüfte beherrschenden Vögel als ihre unmittelbaren Nachfahren. Die Säugetiere brachten immer neue Gattungen und Arten hervor, darunter viele Spezialisten, bis zu den ersten Menschenaffen, von denen sich Zähne des *Dryopithecus*, dem „Eichenaffen“ des Miozäns, in tertiären Füllungen von Karstspalten bei Salmendingen und Melchingen auf der Schwäbischen Alb erhalten haben.

Nördlich der sich von Nordafrika her aufschiebenden Alpen und südlich des sich weiter hebenden Jura entwässerte die Urdonau des Pliozäns mit sanftem Gefälle das neue, vom jungtertiären Molassemeer verlassene Land nach Osten. Erst relativ spät verliert die Donau durch die sich im Westen stärker fortsetzenden tektonischen Hebungen die Aare und ihre Zuflüsse. Der Rhein wird zum neuen großen Strom gegen Norden.

Die sich hebenden und der Lösungskraft des Wassers wenig Widerstand bietenden Jurakalke verkarsteten. Seit dem Beginn des Eiszeitalters, des Pleistozäns, vor etwa zwei Millionen Jahren, verstärkte sich im Zuge der in Schwankungen zunehmenden kaltzeitlichen Frostzerstörung die Abtragung der Felsflächen. Das gilt besonders in Phasen mit geringer Vegetationsdichte. Die im Eiszeitalter wiederholt aus den Alpen herausfließenden Gletscher prägten mit ihren Geschieben das Bild des Alpenvorlandes ebenso
wie die Fließgewässer mit ihrer zunehmenden Schotter- 3
fracht. Die Ströme verbreiterten ihre Täler, aus denen in den trockeneren Jahreszeiten und Perioden Sande und Löße ausgeblasen wurden, die ihrerseits in ihren neuen Ablagerungsgebieten mächtige Sedimentfolgen bilden konnten. Die Hänge und Talflanken wurden von Schuttdecken überzogen, die zeitweilig, manche auch bis heute, die dort liegenden Höhlen füllten. Auf die wärmeren Peri-

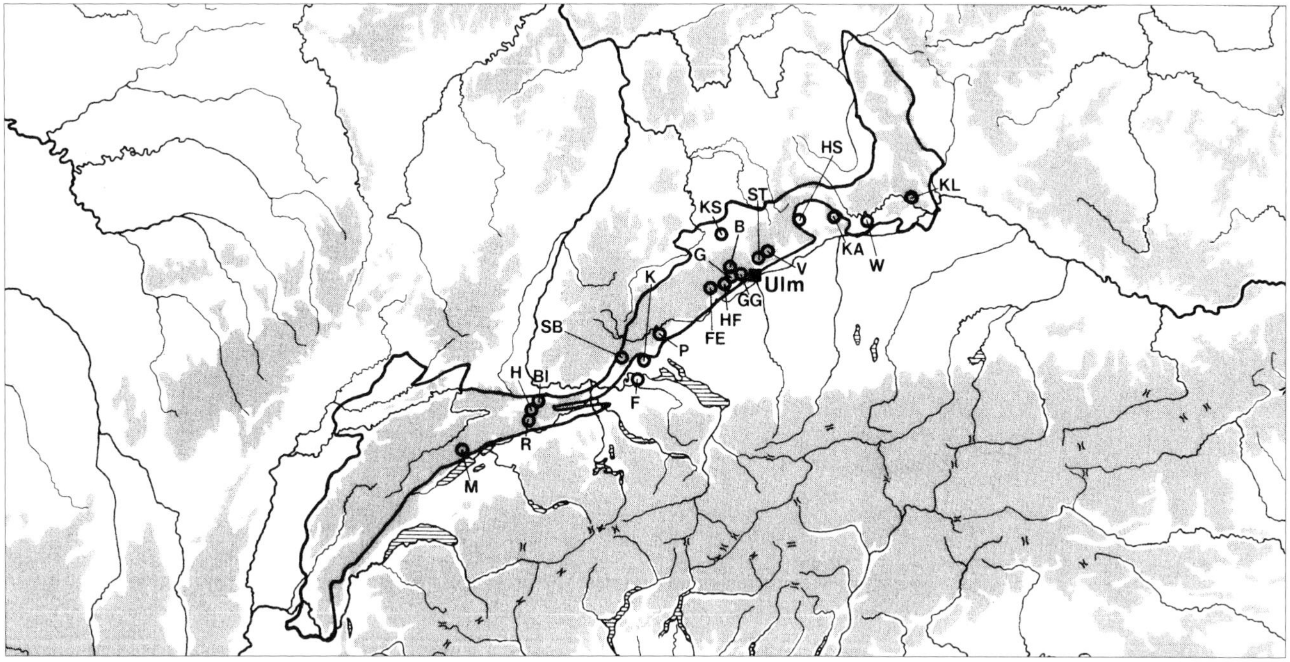


**2** Die Fundstellen der Eiszeitkunst im süddeutsch-schweizerischen Jura: B: Brillenhöhle; BI: Birseck-Eremitage; F: Freudenthal; FE: Felsställe; G: Geißenklösterle; GG: Große Grotte; H: Hollenberg-Höhle 3; HF: Hohle Fels; HS: Hohlenstein; K: Kesslerloch; KA: Kaufertsberg; KL: Klausen-Höhlen; KS: Kleine Scheuer; M: Monruz; P: Petersfels; R: Rislisberghöhle; SB: Schweizersbild; ST: Stadel (Hohlenstein); V: Vogelherd; W: Weinberghöhlen.

oden des Eiszeitalters mit zum Teil sehr unterschiedlicher Waldvegetation folgten wiederholt gemäßigte bis kalte Steppen und auf kürzere Zeit auch vollarktische Parktundren und Tundren.

Der Fund des menschlichen Unterkiefers von Mauer bei Heidelberg macht es wahrscheinlich, daß die ersten Menschen in den subtropischen Waldzeiten zwischen den Kaltphasen, spätestens vor 700 bis 600 Jahrtausenden – also 350- bis 300 mal die Spanne unserer christlichen Zeitrechnung –, sicher auch in den Jura einwanderten. Morphologisch werden diese Menschen noch dem *Homo erectus* zugeordnet. Ihr Wanderweg die Donau aufwärts dürfte wohl rascher gewesen sein, als über die Rhone und die Alpen zur Aare und zum Rhein. In den damaligen Wäldern und speziell den Flußauen waren zu dieser Zeit Pflanzen, besonders Nüsse, Wurzeln, aber auch Blattwildgemüse und Graskörner in großer Vielzahl sammelbar. Dazu kamen Fischwaid und Jagd, allerdings wohl seltener auf Großtiere wie Waldelefant, Flußpferd, Ur und andere unterdessen ausgestorbene Tiere. Zudem existierte auch schon leichter zu erbeutendes Wild wie Wildschwein, Reh und nahezu die ganze Palette des heutigen Niederwildes.

In den kälteren Phasen des Eiszeitalters nahmen die Jagdmöglichkeiten in den offeneren und besser einsehbaren Talzonen in und um den Jura zu. Die Jagd galt nun nicht mehr vorwiegend nur der Fleischnutzung, sondern auch der Fellbeschaffung für Bekleidung und Behausungen. Ohne diese wäre das Ausharren schon der Neandertalerinnen und Neandertaler (*Homo sapiens neanderthalensis*) in der sich nach Süden ausweitenden arktischen Klimazone

| | System | Unter-Gliederung | Alter in Mill.Jahren v.h. | Gesteinsformationen in SW-Deutschland: |
|---|---|---|---|---|
| Neozoikum | Quartär | Holozän | ab 0,01 | Talauen |
| | | Pleistozän | ~2 | Schotter; Löß Moränen |
| | Tertiär | Pliozän | ab 10 | Schotter; Molasse |
| | | Miozän | ab 25 | Schotter; Molasse |
| | | Oligozän | | Molasse |
| | | Eozän | | |
| | | Paläozän | ab 65 | |
| Mesozoikum | Kreide | Oberkreide | | |
| | | Unterkreide | ab 145 | |
| | Jura | Oberer Jura | ab 157 | Weißer Jura (Malm) |
| | | Mittlerer Jura | ab 172 | Brauner Jura (Dogger) |
| | | Unterer Jura | ab 195 | Schwarzer Jura (Lias) |

**3** Ablauf geologischer Ereignisse und Zustände in Südwestdeutschland ab dem Jura (schwarz = Schichtlücken; vereinfacht nach Geyer u. Gwinner 1991).

unmöglich gewesen. Ihre vielfältigen zum Kürschnern notwendigen Steinmesserformen dokumentieren dies eindeutig. Damit wurde dank der technischen Beherrschung des arktischen Winters der Raum des Jura und seines Vorlandes in wärmeren Phasen der letzten klimatisch schwankungsreichen Würm-Eiszeit (s.S. 17,4) [vor ca. 100.000 – 10.000 Jahren] zur Brücke zwischen Westen und Osten. Das gilt auch für die Epoche der Eiszeitkunst des anatomisch modernen Menschen, dem *Homo sapiens sapiens*, im jüngeren Abschnitt dieses letzten Eiszeitkomplexes, solange unsere Vorfahren auf der Alb verharrten.

Die hier gezeigten und in ihrem Kontext besprochenen Fundstücke sind zum einen Botschaften aus einer längst vergangenen, klimatisch völlig anderen Zeit und zum anderen Zeugnisse früher menschlicher Reflektionen über sich selbst und die damals erlebte Umwelt.

# Datierung und Umwelt des Jungpaläolithikums

*Die zeitliche Einordnung altsteinzeitlicher Fundstellen stellt einen wichtigen Bestandteil der urgeschichtlichen Forschung dar. Neben Methoden wie der Pollenanalyse oder der Auswertung von Klein- und Großsäugerknochen, die nur eine relative zeitliche Einstufung einer Fundstelle bieten können, sind die chronometrischen Verfahren mit Möglichkeiten zur absoluten chronologischen Fixierung einer Fundschicht im letzten Jahrzehnt immer wichtiger geworden. Absolute Daten bieten die Möglichkeit, insbesondere die Ergebnisse ökologischer Untersuchungen mit denen der Klima- und Glazialforschung zu korrelieren. Sie dienen aber auch dazu, die Ergebnisse archäologischer Untersuchungen überregional besser zu vergleichen.*

## Methoden zur Datierung des Jungpaläolithikums

Die am häufigsten benutzte Datierungsmethode ist die $^{14}C$-Methode. Diese beruht auf der Tatsache, daß in einem lebenden Organismus Kohlenstoff und Kohlenstoffisotope in einem bestimmten Verhältnis vorhanden sind. Radioaktiver Kohlenstoff wird in der Atmosphäre erzeugt. Er ist chemisch nicht von $^{12}C$ und $^{13}C$ zu unterscheiden und wird von lebenden Organismen eingebaut. Mit dem Tod des Organismus endet die Aufnahme und das radioaktive $^{14}C$ zerfällt mit einer Halbwertszeit von 5730 Jahren. In 5730 Jahren verliert der tote Organismus also die Hälfte des von ihm zu Lebzeiten eingelagerten radioaktiven Kohlenstoffes. Mittels einer Messung des noch vorhandenen $^{14}C$-Gehaltes läßt sich nun sein Alter bestimmen.

Ein großer Nachteil dieser Datierungsmethode war zu Beginn sicherlich der Bedarf einer Mindestprobenmenge von 200g als Voraussetzung für die Datierung einer Fundstelle. Bei vielen Fundstellen waren jedoch Kohlenstoffmengen dieses Ausmaßes nicht gegeben. Somit konnte häufig nur mit einer Sammelprobe die nötige Menge erreicht und ein Datum gewonnen werden. Diese alten Daten sollten kritisch betrachtet werden. Es besteht hier immer die Gefahr, daß ein „Mischalter“ vorliegt, da nicht ausgeschlossen ist, daß die verschiedenen Proben mehreren, zeitlich getrennten Ereignissen der Vergangenheit zuzuordnen sind. Durch den Einsatz neuerer Techniken und der sogenannten AMS-Methode (Massenbeschleunigerspektrometrie) konnte die benötigte Probenmenge inzwischen auf unter 2 g gesenkt werden.

Die Annahme, daß der Anteil radioaktiven Kohlenstoffes in der Atmosphäre und somit auch in den Organismen immer konstant war, ist zwischenzeitlich widerlegt worden und hat zur Kalibration der $^{14}C$-Daten geführt. Die hierbei benutzten Verfahren sind relativ komplex und die Ergebnisse bislang sehr kohärent. Die Kalibration wird zum einen beispielsweise über U/Th-Datierungen durchgeführt, zum anderen aber auch über die Eissequenzen wie GISP2 (Greenland Ice Sheet Project 2) oder terrestrische Ablagerungen wie dem Suigetsu-See in Japan. Ziel ist hierbei, die $^{14}$C-Datierungen, die aus diesen Sequenzen gewonnen werden, mittels anderer Datierungsmethoden zu verifizieren. Gleichzeitig werden aber auch Modelle der globalen geomagnetischen Schwankungen mit eingerechnet. Da die Kalibration allerdings es noch nicht ermöglicht, auch die ältesten Daten zu kalibrieren, soll in dieser Aufstellung darauf verzichtet werden. Durch die Methode bedingt, ist die Grenze für $^{14}$C-Datierungen im Bereich um 45 000 BP (before present/vor heute) anzusetzen.

Eine weitere Möglichkeit zur Datierung paläolithischer Fundstellen stellt die sogenannte Thermoluminiszenzmethode, im weiteren TL-Methode genannt, dar (Templer 1986; Roberts 1997). Dieses äußerst aufwendige physikalische Verfahren kann bei erhitzten Feuersteinen und Keramik angewandt werden. Letztlich wird hierbei der Zeitpunkt der letzten stärkeren Erhitzung datiert. Die erzielten Datierungen, haben methodisch bedingt eine weitaus größere Spannweite als $^{14}$C-Datierungen.

## Mögliche Fehlerquellen bei der Datenerhebung

Datierungen altsteinzeitlicher Fundschichten sind durch eine Vielzahl von Problemen gekennzeichnet. Die meisten Schwierigkeiten bereitet hierbei die exakte Zuordnung von Fundstücken zu einem zeitlichen Ereignis in der Vergangenheit. Aufgrund von Störungen oder komplexen Sedimentationsvorgängen können Funde in einer stratigraphischen Einheit liegen, obwohl sie aus zeitlich unterschiedlichen Ereignissen hervorgegangen sind. Daher ist insbesondere die Datierung von Materialien aus Grabungen des frühen und mittleren 20. Jahrhunderts als sehr problematisch anzusehen, da die damaligen Grabungsmethoden eine exakte Zuordnung der Funde zu ihren ursprünglichen Zeithorizonten kaum möglich macht. Erst durch moderne, detailliertere und sorgfältigere Methoden ist eine relativ hohe Wahrscheinlichkeit einer präzisen Einordnung gegeben. Aus diesem Grund ist bei der weitergehenden Analyse altgegrabener Fundstellen immer eine gewisse Zurückhaltung zu üben. Vermischungen von Materialien unterschiedlicher Zeitstellung sind nie auszuschließen wie das Beispiel einer Datierung eines Rothirschknochens aus der neandertalerzeitlichen Fundschicht der Große Grotte bei Blaubeuren zeigen kann. Der Knochen muß aufgrund seiner $^{14}$C-Datierung dem Mittelalter zugeordnet werden. Die hier angesprochenen Fehlerquellen treffen nur auf Grabungen des 19. und frühen 20. Jahrhunderts zu, deshalb soll im folgenden versucht werden, hauptsächlich auf Ergebnisse neuerer Untersuchungen einzugehen.

Bei TL-Datierungen ist eine Vielzahl der oben angesprochenen Fehlerquellen auszuschließen. Lediglich die Verwendung aufgesammelter gebrannter Silices oder eine deutlich nach dem eigentlichen Gebrauch erfolgte Erhitzung des Silex kann zu einer Fehldatierung führen. Die Problematik der Schichtzuweisung von Funden aus alten Grabungen ist allerdings unabhängig von der heute verwendeten Datierungsmethode.

## Chronologischer Abriss des späten Mittelpaläolithikums im Jura

Noch liegen aus dem Jura zu wenig zuverlässige Datierungen mittelpaläolithischer Fundstellen vor. Dies ist insbesondere in Hinblick auf den Übergang vom Mittelpaläo-
lithikum zum Frühen Jungpaläolithikum, dem Aurigna- 4
cien, von besonderem Interesse, da in dieser Zeitphase allgemein mit dem Ablösen des mittelpaläolithischen Ne-

| | Abteilung | | Archäol. Stufen und Menschenformen in Mitteleuropa | | | |
|---|---|---|---|---|---|---|
| Quartär | Holozän<br>10 000 v.h. | Nacheiszeit | Eisenzeit<br>Bronzezeit<br>Jungsteinzeit<br>Mittelsteinzeit | | | anatomisch moderner Mensch |
| | Jung-Pleistozän | Würm-Eiszeit | Altsteinzeit | Späte Altsteinzeit<br>Magdalénien<br><br>Gravettien<br><br>Aurignacien<br><br>Blattspitzen<br><br>Mittlere Altsteinzeit | Neandertaler | |
| | 130000 v.h. | Eem-Warmzeit | | | | |

**4** Phasen der süddeutschen Urgeschichte

andertalers durch den anatomisch modernen Mensch, dem *Homo sapiens sapiens*, gerechnet wird.

So liegen auch aus dem süddeutsch-schweizerischen Jura kaum verläßliche chronometrische Daten vor. Ursächlich hierfür ist, daß im chronologischen Grenzbereich der $^{14}C$-Methode gearbeitet werden muß. TL-Datierungen an gebrannten Silices wurden bisher kaum durchgeführt, da diese Methode erst relativ neu ist und nur wenige Fundstellen im Arbeitsgebiet hierfür geeignet sind.

Die oben angeprochene Problematik des methodischen Grenzbereichs der $^{14}C$- Datierung kann, wie im folgenden beschrieben, durchaus zu Fehlinterpretationen führen. Nur durch gewissenhafte Anwendung verschiedener Methoden zur Datierung können $^{14}C$-Daten in diesem Bereich verifiziert oder müssen gegebenenfalls verworfen werden.
Für die neandertalerzeitlichen Schichten der Sesselfelsgrotte (Richter, J. 1997; Richter, D. 1998, Bischoff et al. 1994) im unteren Altmühltal bei Kelheim liegen sowohl $^{14}C$-Datierungen als auch TL-Datierungen vor. Die Diskrepanz der beiden Datierungsserien ist allerdings sehr hoch. Die Datierung der organischen Stoffe legt ein Alter von ca. 40 000 BP nahe, während die durch TL erzielten Ergebnisse in jedem Falle älter als 60 000 BP sind. Als eine der weiteren wenigen neu gegrabenen mittelpaläolithischen Fundstellen im Jura kann der Kogelstein bei Schelklingen (Alb-Donau-Kreis) angesehen werden. Auch hier ist eine Diskrepanz festzustellen zwischen den $^{14}C$-Daten und den Ergebnissen weitergehender Analysen. Während die $^{14}C$-Daten in einen Bereich von 33 000 BP deuten, zeigen ökologische Analysen verschiedenster Art, daß eine Korrelation mit einer gemäßigteren, wärmeren Klimaphase um ca. 50 000 BP weitaus wahrscheinlicher ist. Hier fehlen noch Forschungen zum Verhalten vom AMS-$^{14}C$-Datierungen im Grenzbereich dieser Methode.

## Chronologischer Abriss des älteren Jungpaläolithikums im Jura

Das ältere Jungpaläolithikum, die erste Kulturstufe, die wir allgemein mit dem anatomisch modernen Menschen in Verbindung bringen, tritt nach den bisherigen chronometrischen Daten an mehreren Punkten Europas zugleich vor ca. 40 000 Jahren auf. Die verschiedenen Fundpunkte, die ein sehr frühes Jungpaläolithikum belegen, verteilen sich

hierbei auf Nordspanien, Süddeutschland und Bulgarien, sowie Italien (Kozlowski 1988, Haesaerts 1990, Bischoff et al. 1994). Sie bezeugen in jedem Fall eine relativ große Zeitspanne, in welcher der Neandertaler und der moderne Mensch gemeinsam in Europa lebten, da Datierungen aus
4 Ost- und Südeuropa sogar ein Fortleben der Neandertaler bis weit in die Zeit des mittleren Jungpaläolithikums, des Gravettiens, hinein, also bis um 30 000 BP beweisen (Bolus u. Conard 2001).

Im süddeutschen Jura gilt das Geißenklösterle bei Blaubeuren (Alb-Donau-Kreis) für das frühe und mittlere Jungpaläolithikum als die am besten datierte Fundstelle (Hahn 1988, 1995; Richter, D. et. al. 2000).

Die unterste jungpaläolithische Schicht III mit einem frühen Jungpaläolithikum, das eindeutigen Aurignaciencharakter besitzt, datiert nach den $^{14}C$-Daten zwischen 37 000 und 40 000 Jahre BP. Die TL-Daten weisen auf ein geringfügig höheres Alter hin, das zwischen 40 000 und 44 000 Jahren BP liegt. Diese Daten belegen somit das älteste Jungpaläolithikum in Europa in einer Höhle des Alb-Donau-Kreises. Die Datierung der Schicht III um 40 000 BP kann durch verschiedene zoologische Untersuchungen bekräftigt werden, die diese Schicht in eine gemäßigtere Phase der letzten Eiszeit einordnen. Extrem kaltzeitliche Tierarten sind in der Schicht III relativ schwach vertreten. Unter den Tierresten befinden sich auch verschiedene Waldbewohner. Sie belegen allerdings keine durchgehende Bewaldung im heutigen Sinne, sondern eher Galeriewälder beziehungsweise Reliktwälder ehemals wärmerer Klimaphasen. Dieser Befund erlaubt eine Korrelation der Schicht III mit dem Hengelointerstadial. Aus dieser Schicht sind keine Kunstwerke belegt. Lediglich einfache Schmuckstücke können ihr zugeordnet werden.

Die nächst höhere Schicht II des Geißenklösterle hat hingegen mehrere Kunstwerke verschiedenster Art hervorgebracht (s.S. 48f.). Die $^{14}C$-Daten für dieses Aurignacien, das in groben Zügen sehr gut mit einem klassischen Aurignacien in Frankreich verglichen werden kann, liegen zwischen 33 000 und 37 000 Jahren BP. Dieser Datierungsansatz wird auch durch die TL-Daten belegt, die zwischen 35 000 und 38 000 Jahren BP streuen. Das Alter dieser Schicht und somit der darin gefundenen Kunstwerke wirft natürlich die Frage nach dem Ursprung der Kunst auf. Die Kleinkunstwerke des Aurignaciens aus dem Geißenklösterle stellen momentan weltweit die ältestdatierte Kunst dar. Ein vergleichbares Alter können nur die Höhlenmalereien der Grotte Chauvet in Frankreich (31 500 BP) aufweisen. Da Kunst aus dem Aurignacien ohnehin zu den seltenen Fundgattungen gehört, fällte es bei dieser geringen Datenbasis schwer, Rückschlüsse auf ihren Ursprung zu ziehen. Ökologische Daten aus der Schicht II zeigen relativ ähnliche Verhältnisse wie im frühen Aurignacien. Hierbei sind Waldanzeiger jedoch, relativ gesehen, weniger häufig. Die Aurignacienfundstellen des Lonetals, zum Beispiel der Vogelherd, sind meist etwas jünger datiert als das Geißenklösterle. Die Daten liegen zwischen 32 000 und 30 000 BP.

## Chronologischer Abriss des mittleren Jungpaläolithikums im Jura

Die auf das Aurignacien folgende Kulturstufe, das Gravettien, ist im Jura nur durch wenige Fundstellen belegt. Von 4
besonderer Bedeutung sind auch hierbei die Fundstellen im Achtal am Südrand der Schwäbischen Alb. Hier ist es gelungen, für das Gravettien durch Zusammensetzungen von Steinartefakten (Scheer 1990) zwischen den Fundstellen Hohle Fels bei Schelklingen, der Brillenhöhle sowie dem Geißenklösterle bei Blaubeuren einen zeitlichen Zusammenhang zwischen den Besiedlungen dieser Höhlenfundstellen herzustellen. Ob es sich hierbei um exakt zeit-

gleiche oder zeitlich kurz aufeinanderfolgende Besiedlungen handelt, läßt sich nicht mehr nachvollziehen. Bezogen auf die Datierungsgenauigkeit kann man aber von einer Zeitgleichheit dieser Fundstellen ausgehen.

Im süddeutschen Jura kann das Gravettien auf Grundlage der Ergebnisse moderner Grabungen auf einen Zeitraum zwischen 30 000 und 27 500 BP eingegrenzt werden. Aus dem Gravettien des Hohle Fels bei Schelklingen liegt auch direkt datierte Kunst vor. Eine Rengeweihhacke (s.S. 69) lieferte ein Datum von 28 920 ± 440 BP. Daten aus älteren Grabungen legen möglicherweise eine Fortdauer des Gravettiens bis circa 26 500 Jahre BP nahe.

Das Klima während des Gravettiens war kälter und feuchter als im Aurignacien. Waldanzeiger sind in den Schichten der Höhlen beinahe verschwunden. Es finden sich aber nach wie vor vereinzelt Tiere eines gemäßigten Klimas. Dieser Befund muß allerdings, ebenso wie der des Aurignacien auch auf der Basis der gesamten klimatischen Veränderung während der letzten Eiszeit gesehen werden. Auf Grund des veränderten Laufes des Golfstromes ist von einem stärker kontinental geprägten Klima im Arbeitsgebiet auszugehen. Dies bedeutet, daß die jahreszeitlich bedingten klimatischen Schwankungen sehr ausgeprägt waren und mit einem anderen Jahreszeitenrhythmus als heute gerechnet werden muß (s.u.).
Auf das Gravettien folgte eine längere Phase ohne nachweisbare Besiedlung im süddeutsch-schweizerischen Jura. In diese Zeit fällt das Maximum der letzten Eiszeit. Erst ca. 13 000 Jahre später erfolgt eine Wiederbesiedlung dieses Gebietes. Die Frage, wo der eiszeitliche Mensch sich während dieser Zeit aufgehalten hat, läßt sich nicht eindeutig klären. Durchgehende Besiedlungen für diesen Zeitraum finden sich in Süd- und Südwestfrankreich sowie im östlichen Mitteleuropa und Osteuropa.

## Chronologischer Abriss des späten Jungpaläolithikums im Jura

Ausgehend von den vorliegenden Daten findet die Wiederbesiedlung des Jura erst im Magdalénien statt. Aus die- 4
ser Zeit liegen zahlenmäßig die meisten Fundstellen vor und somit auch die größte Anzahl von Daten. Ab ca. 13 000 Jahren BP ist mit einer flächigen Ausdehnung der Besiedlung im süddeutsch-schweizerischen Jura zu rechnen. Der Beginn dieser Besiedlung liegt klimatisch gesehen in einer kalten Phase. Die Abwesenheit von Baumpollen sowie die vorgefundenen Reste von Kleinsäugern und Schnecken (Mollusken) sind als Indikatoren einer „Steppentundra“ zu werten. Die Klimawechsel im Zeitraum zwischen den frühesten Magdalénienbesiedlungen und dem Übergang zur Nacheiszeit, dem Holozän um 10 200 BP, sind sehr rasch aufeinanderfolgend und sollen im folgenden kurz charakterisiert werden (Pasda 1998):

Auf die oben aufgeführte Steppentundra folgt die Ausbreitung von Wacholder und Kriechweiden. Ab 12 900 BP treten verstärkt Zwergbirken und andere Sträucher auf, um 12 600 setzt dann mit Baumbirken und Wacholder die spätglaziale Wiederbewaldung ein. Die Ausbildung größerer Birkenwaldbestände kann um 12 000 festgestellt werde. In der Folgezeit ist dann eine verstärkte Ausbreitung der Kiefernwälder und nachfolgend ein immer stärker werdender Temperaturabfall zu bemerken. Hierbei nahmen Nichtbaumpollen in den Pollenspektren zu. Nach diesem Klimaminimum um 10 700 BP, der sogenannten Dryas III-Zeit, setzt letztendlich die nacheiszeitliche Wiedererwärmung ein.

Die früheste Wiederbesiedlung des Juras nach dem Hochglazial ist um 13 500 BP anzusetzen. In der Folge ist der Jura bis zur heutigen Zeit durchgehend besiedelt gewesen.

# Abriss der klimatischen und ökologischen Entwicklung

Neben den absoluten Datierungen sind in den letzten Jahren verstärkt ökologische und klimatische Untersuchungen in der Steinzeitforschung in den Vordergrund getreten. Es soll hier keine detaillierte klimatisch-ökologische Einordnung einer einzelnen Fundstelle dargestellt, sondern ein Überblick über die klimatische Entwicklung für den Zeitraum gegeben werden. Dabei muß sehr genau zwischen den globalen Klimaänderungen während des letzten Glazialzyklus und den lokalen Ausprägungen der globalen Ereignisse unterschieden werden.

Ausgangspunkt sind die Ergebnisse des GISP2 Eisbohrkernes. Die Ergebnisse dieser Bohrungen (GISP2 2001) im Eis auf Grönland sind schon weitgehend aufgearbeitet und erlauben eine Rekonstruktion des globalen Klimas für den in diesem Zusammenhang relevanten Zeitraum. Als Beispiel soll hier nicht eine der klassischen Sauerstoff-Isotopenkurven (Shakelton 1987), sondern der Calciumanteil im Eis genommen werden. Dieser ist beinahe ausschließlich auf Einwehungen von Löß zurückzuführen und kann somit sehr gut als Gradmesser für die zunehmende Versteppung der Landschaften gewertet werden. Das bedeutet: je höher der Anteil des eingewehten Calciums im Eis, desto geringer die globale Vegetationsdecke. Die Vegetation wiederum steht in einem direkten Zusammenhang mit der Fauna. Viele Faunen sind erstaunlich anpassungsfähig, was klimatische Änderungen anbelangt, aber alle sind in hohem Maße von der angebotenen Nahrung abhängig.

5 Analysiert man die Schwankungen des Calciumanteiles im Eis aus dem GISP2 Kern, so stellt man fest, daß ein rapider Wechsel zwischen gemäßigteren und extrem kalten Klimaabschnitten vorliegt. Im Bereich von 100 000 Jahren BP ist deutlich ein warmzeitliches Klima zu erkennen. Dies gehört zum Warmzeitenkomplex der Sauerstoff-Isotopenstufe 5e (Grip 1993), der sogenannten Eem-Warmzeit. Ungefähr 77 000 Jahre BP beginnt das erste Kältemaximum der letzten Eiszeit. Diese Kaltphase endet ungefähr vor 58 000 Jahren. Mit der Isotopenstufe 3 wird der in Zusammenhang mit der Eiszeitkunst relevante Zeitabschnitt erreicht. Das Maximum der letzten Eiszeit wird ungefähr vor 22 000 Jahren erreicht. Die nacheiszeitliche Wiedererwärmung vollzieht sich relativ lang-

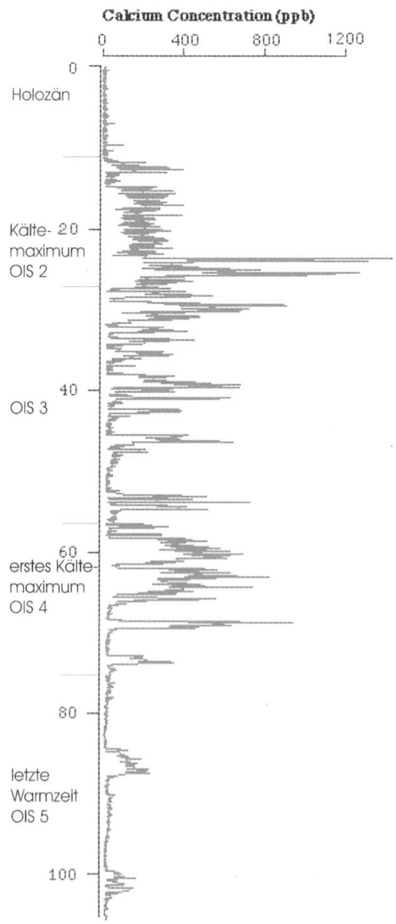


Tausende von Jahren vor heute
OIS = Sauerstoffisotopenstufe

**5** Calciumkonzentration im Eis des GISP2 Bohrkerns

sam, und erst vor ca. 10 000 Jahren beginnt die Warmzeit, in der wir uns momentan befinden.

Der Zeitabschnitt ab ungefähr 45 000 Jahren BP zeichnet sich durch einen sehr raschen Wechsel zwischen gemäßigten und kalten Abschnitten aus. Diese raschen Wechsel machen die Interpretation der aus den Fundstellen vorliegenden Daten sehr schwierig. Da aus diesem Zeitabschnitt fast ausschließlich Höhlenfundstellen bekannt sind, entstehen hierbei diverse Probleme, auf die im weiteren näher eingegangen werden soll.

Die Hauptproblematik bei Höhlenfundstellen ist in der wechselseitigen Nutzung von Höhlen durch den Menschen und durch Tiere zu sehen. Die Schwierigkeit besteht hierbei in der Zuordnung der Tierknochen zu Aktivitäten des Menschen oder anderen Beutegreifern. Geht man von der Tatsache aus, daß eine gleichzeitige Nutzung einer Höhle durch Mensch und Tier (abgesehen von Kleinsäugern), insbesondere in Hinblick auf die großen Beutegreifer, sehr unwahrscheinlich ist, ist die Korrelation der Funde zu menschlichen beziehungsweise tierischen Beutegreifern problembehaftet. Diese Tatsache, in Zusammenhang mit der im Normalfall langsamen Sedimentation in Höhlen, verursacht bezüglich der klimatischen Einordnung menschlicher Besiedlung von Höhlen große Schwierigkeiten.

Es soll im folgenden versucht werden, am Beispiel des Geißenklösterle die Schwierigkeiten, aber auch die Möglichkeiten bei der ökologischen Interpretation aufzuzeigen. Bei den Großsäugern (Münzel o.J.) überwiegen sowohl im Aurignacien als auch im Gravettien kaltzeitliche Steppenfaunenelemente. Im Frühaurignacien des Geißenklösterle sind unter den Großsäugern Tierarten vertreten, die sich bezüglich ihrer Biotopansprüche eigentlich ausschließen. So sind hier mit dem Rothirsch und der Saigaantilope Vertreter der gemäßigteren Zone und der extremen Kaltsteppe zu finden. Dieses Bild wird deutlich komplexer, zieht man die ökologischen Daten hinzu. Unter den Kleinsäugern ist der Halsbandlemming, als Indikator für kaltzeitliche Verhältnisse, mit einem Anteil von unter 10 Prozent nur schwach vertreten. Die Komplexität zeigt sich auch bei genauerer Betrachtung der Mollusken aus dieser Schicht. Der Anteil der Mollusken, die nicht als kaltzeitlich eingestuft werden können, ist mit über 30 Prozent sehr hoch, der von Mollusken, die ihren Lebensraum in offenen Landschaften haben, mit unter 10 Prozent relativ gering. Unter letzteren finden sich aber auch Mollusken, die auch heute noch an den felsigen Nordhängen der Schwäbischen Alb vorzufinden sind.
Wie läßt sich nun diese Diskrepanz von Faunenelementen mit extrem unterschiedlichen Biotopansprüchen erklären? Einen ersten Ansatzpunkt liefert die starke Reliefierung der Landschaft. Hier ist sicherlich zu erwarten, daß sich in unmittelbarer Nähe zur Fundstelle verschiedene Biotope differenzieren lassen: Zum einen gibt es die Talaue, in der noch mit Reliktbewaldung und Sträuchern zu rechnen ist. Hier wäre zum Beispiel der Riesenhirsch anzusiedeln. Der Übergang zur Hochfläche bildet ein Biotop, das auf Grund seiner Felshänge und zum Teil wahrscheinlich nicht durchgehend bewachsener Felsflure als alpin bezeichnet werden kann – ein ideales Biotop für Gemsen und Steinböcke. Auf der Hochfläche dagegen ist sehr gut vorstellbar, daß eine echte Steppenlandschaft vorliegt. Diese Zone wäre dann zum Beispiel das Habitat typisch kaltzeitlicher Tiere wie Mammut, Wollnashorn und Saigaantilope, aber auch von nicht so stark spezialisierten Arten wie Rentier oder Pferd.

Es ist durchaus denkbar, daß hier auch noch andere Faktoren eine wichtige Rolle spielen. Von den großen Eisschildern im Norden brechen immer wieder große Eisberge und Eisschollen ab, die dann südwärts driften. Diese Vorgänge führen zum einen zu einer Abkühlung in Mitteleuropa und zum anderen zu einer Ablenkung des Golfstromes nach Westen. Das heute vorherrschend atlantisch bestimmte wird dann durch ein kontinental geprägtes Klima abgelöst. Dies bedeutet, daß sehr viel stärkere Jahreszeitunterscheide vorhanden sind und Frühling und Herbst deutlich kürzer ausfallen. Die Winter wären dann sehr kalt und deutlich länger als heutzutage, die Sommer wiederum kürzer, aber warm. Es ist davon auszugehen, daß diese großklimatischen Veränderungen die Zusammensetzung der Tierwelt beeinflußt haben, daß aber auch die kleinräumigen ökologischen Gegebenheiten nicht zu vernachlässigende Faktoren darstellen.

Das bisher Genannte läßt sich auch auf das Aurignacien übertragen, denn hier gibt es ebenfalls eine ökologisch sehr diverse Fauna. Das Gravettien hingegen zeichnet sich durch einen deutlichen Rückgang klimatisch anspruchvoller Arten aus. Anzeiger für Bewaldung sind beinahe verschwunden. Aber auch hier finden sich bei den Vögeln oder unter den Mollusken beziehungsweise unter den Fischen Arten, die eindeutig nicht kaltzeitlich sind. Die klimatische Einordnung komplexer Schichtabfolgen in Höhlen steckt noch in ihren Anfängen, aber die Ergebnisse tragen bereits zu einem tieferen Verständnis der Lebensumstände und somit auch der Kunst des eiszeitlichen Menschen bei.

# Was war und was bleibt?

*Eiszeitliche Bildwerke sind wichtige und direkte Belege der frühesten Kulturentwicklung. Es spricht einiges dafür, daß sie ursprünglich weit verbreitet waren. Aber nur wenig ist davon „dem Zahn der Zeit" entgangen und auf uns gekommen. Wie die Beobachtungen der Ethnographen zeigen, war das Bild der ehemaligen Wirklichkeit in der Eiszeit sicher weit vielfältiger und bunter. Dennoch verblüfft, was nach so langer Zeit gefunden wurde und jetzt noch zu uns spricht.*

## Die Rolle des Zufalls

Nur ein geringer Teil der überwiegend kleinen transportablen Objekte der Eiszeitkunst aus den unterschiedlichsten organischen und anorganischen Materialien war stabil genug, um unter günstigen Bedingungen erhalten zu bleiben und damit nach der Auffindung Teil unserer Ausstellung und dieser Publikation zu werden. Das gilt auch für die zeitgleichen Gravierungen und Malereien in Höhlen und Felswänden, falls sie nicht tiefer im Berg angebracht worden sind und uns dort noch heute beeindrucken.

Kaum ein Schicksal ohne Zufälle. Dies gilt besonders dann, wenn es über lange Zeiträume voller möglicher Überraschungen agiert. Das trifft gewiß auch für die Abläufe der Ereignisse zu, die sich zur Erhaltung jedes Fundes eines „mobilen" eiszeitlichen Kunstwerkes rekonstruieren lassen. Als Beispiel mag das fast vollständig erhaltene aurignacienzeitliche Mammut aus dem Vogelherd im Lonetal dienen. Es wurde äußerst sorgfältig aus dem dichten, schalig gewachsenen Elfenbein eines Mammutstoßzahns geschnitzt, poliert und mit Symbolgravierungen versehen. Abnutzungsspuren an den eine Öse bildenden Vorderbeinen sprechen dafür, daß es länger auch als Anhänger an einem Riemchen oder einer Schnur getragen wurde. Es könnte aber auch Teil des Inhaltes eines „Medizinbeutels" gewesen sein, der nur bei Gelegenheit gezeigt und, sehr wahrscheinlich verbunden mit verbalen Erläuterungen, betrachtet worden ist. So wie dies auch heute noch mit Figuren von Lebewesen und Modellen von Geräten und Maschinen geschieht. Sie werden für den aktiven Gebrauch, der auch Riten auf verschiedenem Niveau, wie bei unseren weihnachtlichen Krippenfiguren, einschließen kann, über Jahre hinweg sorgfältig aufbewahrt. Dies mag ein Menschenleben lang andauern, gelegentlich aber auch Generationen, vor allem wenn es ein so kompaktes Figürchen ist wie das Vogelherd-Mammut. Es ist nicht auszuschließen, daß das Figürchen sogar ganz planmäßig zur zeitweiligen Sicherung in der Höhle deponiert wurde und dort nicht mehr zum weiteren „Umlauf" – aus welchen Gründen auch immer – wieder geholt wurde. Bei einem derartigen Geschehen käme der Zufall allenfalls und sogar nur partiell mindestens dreimal ins Spiel: einmal durch die faktisch erwiesene hohe Sicherheit des gewählten Deponieortes, zum anderen durch die Kompaktheit und große Stabilität der Figur selbst und schließlich durch die Möglichkeit,

*Tafel 1,* KAT 5

daß die eigentlich geplante neue Nutzung vielleicht nur durch einen Unfall (den mit einem Unglück verbundenen Zufall) unterblieb. Doch hier ist nach den Vorgaben der denkbaren Varianten der Abläufe Vorsicht bei der Interpretation angebracht, denn es könnte sich schließlich auch um eine bewußte letzte Deponierung des Besitzers „für alle Zukunft" handeln, die dann immerhin mehr als 30 000 Jahre bis zur Bergung durch die Ausgrabung 1931 angehalten hätte und damit in einer neuen Gegenwart, der unsrigen, mündete.

Banaler wäre es freilich, wenn das Mammut nach Leistung seiner erwarteten Dienste einfach als Abfall in der Höhle liegen blieb, dort bald von eingetragenem Schutt überdeckt wurde und der Zufälligkeit seiner besonderen Kompaktheit wegen so vollständig erhalten blieb. Das vordere Stück seines Rüssels scheint zu fehlen, und es bleibt offen, ob dieser Bruch schon während der Benutzung oder erst danach stattfand. Denn die Verrundung der Bruchkanten kann durchaus auch das Ergebnis von Lösungsvorgängen im Sediment der periodisch recht feuchten Höhle sein.

Diese kommen auch durch die Infiltration von Manganeisenverbindungen zum Ausdruck, die das Mammut bläulich färben und die erst im Sediment „fossilierend" erfolgen konnte. Die nur geringen Sackungen und Bewegungen im nie völlig stabilen Lockerschutt der Höhlenfüllung hat es fast als einzige aller bisher gefundenen gleichzeitigen Elfenbeinschnitzereien dank der einmalig so stark gerundeten, in allen Richtungen wenig Widerstände bietenden Form unbeschadet (und damit also doch keineswegs zufällig, sondern konsequent und begründbar) überstanden. Der strukturell exponiertere, jetzt fehlende Rüsselteil tat dies offensichtlich nicht, sei es schon während der Nutzungszeit oder erst danach.

Damit kommen wir bereits zu dem ersten „allgemeinen" Zerstörungsfaktor der auch mit dem Zufall arbeitenden Zähnen der Zeit, die der Paläontologie und Archäologie die Faszination der Kriminalistik verleihen: zu dem Bruch potentieller Fundobjekte schon zu Leb- oder Nutzungszeiten und auf vielerlei möglichen Ebenen auch danach. Tatsächlich „überdauern" völlig oder nahezu vollständig erhaltene Funde weit seltener als Bruchteile davon. Es sind bei unseren Aurignacienfiguren nur 2 von insgesamt jetzt 17. Einmal das voll erkennbare Mammut und daneben das ebenfalls sehr kleine und kompakte Plättchen mit einer in ihren Details weitgehend zerstörten Schaufläche. Wie groß die Zahl der Fragmente ist, die noch im Boden der sachgerechten Bergung harren, läßt sich auch nicht annähernd abschätzen. Wie viele Figuren aber allein durch die Aurignacienleute in den Juralandschaften einst geschaffen wurden und ohne jede Spur zerfielen, ist vorerst nur zu ahnen. Nehmen wir nur eine Region wie das Lonetal mit seinem Umland als Vergleichsbasis, wo elf Schnitzereien in relativ voluminösen Ablagerungen geborgen werden konnten, dann dürften es einst sicher Hunderte in großer Vielfalt gewesen sein. Wir haben also eindeutig nur einen Abglanz einer einst umfangreichen und die damaligen Menschen bewegenden Bilderwelt, allein schon an Elfenbeinarbeiten.

*Tafel 8,* KAT 17

Die erste von vielerlei möglichen Zufällen gesteuerte Ebene der Zerstörung ist mit der Nutzung der einst vollständigen mobilen Figuren verbunden (Bruch während der Herstellung sei hier als „Fall der unfertigen Vorstufen" ausgeklammert, auch wenn die dabei entstandenen Fragmente oft unerkennbar im gehobenen Fundgut auftauchen können). Ein Bruch während des Gebrauchs kann bei fast allen unvollständig erhaltenen Figuren der Eiszeitkunst eine Rolle spielen. Sie hatten danach keine Chance mehr, vollständig in ein „Fundbett" von sich neu bildenden Ablagerungen zu gelangen, das sie bewahrt hätte. Das gilt vor al-

Mammutfigur,
Vogelherd
KAT 5

Mammut-Halbrelief, Vogelherd
KAT 6

Bison, Vogelherd
KAT 4

lem bei den frühen Figuren aus in größeren Stücken strukturell auf Dauer nicht sehr stabilem Elfenbein, doch weit weniger bei jenen aus Stein oder hart gebranntem oder auch gut ausgetrocknetem mergeligfestem Ton. Ebenso sind Schnitzereien aus dem zähen und strukturell stabileren Rengeweih (seltener unter kühleren eiszeitlichen Bedingungen auch aus Geweih anderer Hirscharten) weniger betroffen. Der Bruch während des Gebrauchs dürfte bei fast allen aurignacienzeitlichen Figuren eine Rolle spielen, da sie vorwiegend aus Mammutelfenbein, das empfindlich auf anhaltende Feuchtigkeitsschwankungen reagiert, bestehen. Relativ widerstandsfähig sind dagegen späte eiszeitliche Figuren aus Gagat, die allerdings wegen der geringen Größe stabiler Rohstücke durchweg auch klein und damit weniger gefährdet sind, solange sie nicht häufigen Feuchtigskeitsschwankungen in zu stark durchlüfteten Sedimenten ausgesetzt sind. Auch aus Ton geknetete Figuren können besser unter stabilen Bedingungen überdauern, wie etwa in trockneren Lößablagerungen die meist freilich schon zu Keramik gebrannten Tierfiguren des Pavlovien aus Südmähren (s.S. 54).

Von Gebrauchsveränderungen kaum unterscheidbar sind alle späteren Schäden, die ein Gegenstand, der zum Abfall geworden ist, noch vor der endgültigen Einbettung erleiden kann. Etwas einfacher sind bei guter Funddokumentation jene Zerstörungen nachzuweisen, die erst im mehr oder weniger bewegten Sediment auftreten, da dann eine weitgehende Zusammensetzung der geborgenen Fragmente möglich wird. Eine weitere Ebene bilden Verluste und Schäden bei unsachgemäßer Bergung. Dazu gehören auch zu wenig sorgfältig durchgeführte Grabungen. Dabei entstehen meist gut erkennbare „frische" Brüche. Oder es bleiben kleinere Fragmente unbeachtet, weil der Grabungsaushub nicht ausreichend feinmaschig gesiebt oder geschlämmt wurde. Weitere Spätschäden erleiden Fundgegenstände schließlich auch immer wieder trotz aller Sorgfalt in Sammlungsdepots, wo sie allerdings in der Regel aus den entstehenden neuen Fragmenten restauriert werden können.

Nach erfolgter Einbettung und Erhaltung im Sediment wird es vor allem Sache der Sorgfalt der Ausgräber, was tatsächlich beobachtet und geborgen werden kann. Auf den Halden der meist raschen Höhlenuntersuchungen der Vorkriegszeit finden sich oft noch ganze Serien von Objekten, die übersehen worden waren, soweit sie nicht unterdessen Opfer der dort aktiveren Verwitterung geworden sind. Es ist leicht einsehbar, daß bei räumlich bisher nur begrenzten Teilgrabungen, wie im Geißenklösterle oder im Hohle Fels, unklar bleibt, ob weitere Fragmente der bisher gefundenen unvollständigen Figuren (s.S. 54f.) noch geborgen werden können und damit zugleich die zumindest teilweise Zerstörung nach ihrer Aufgabe erkennen lassen. Dies war bei den Resten des Löwenmenschen aus dem Stadel ganz offensichtlich der Fall. Seine zahlreichen Fragmente mußten bei Kriegsausbruch im September 1939 derart rasch geborgen werden, daß die tatsächliche Bedeutung der in ihren Fundschachteln im Depot ruhenden Figurensplitter noch für Jahrzehnte unerkannt blieb. Der wohl erst im Sediment zerfallene Löwenmensch aus dem Stadel befand sich wahrscheinlich am Ende der Höhle am ursprünglichen Aufstellungs- oder Deponierungsort. Vielleicht kam er schon in beschädigtem Zustand in die Höhlenfüllung. Das erst 1999 gefundene isolierte Tierköpfchen aus dem Hohle Fels bei Schelklingen scheint dagegen eher schon als Fragment im Sediment verlagert worden zu sein. Ob aber überhaupt die ganze ursprüngliche Figur in den Boden kam, bleibt bis zur Fortsetzung der dortigen Grabungen in größeren benachbarten Sedimentkubaturen ungewiß.

*Tafel 5,* KAT 18

*Tafel 18,* KAT 26

Wir wollen hier die Erörterung der Entstehung und Erhaltungsmöglichkeit von Funden aus Gesteinen und stabilen organischen Materialien wie Elfenbein, Geweih und Knochen nicht ins Fachwissenschaftliche hinein vertiefen. Zu letzteren gehören auch die in der Paläontologie besonders wichtigen Zähne, die schon von ihrer primären Funktion her sehr widerstandsfähig, aber darum auch nur schwer zu bearbeiten sind. Schon jeder nur als Einzelrest erhaltene Zahn dokumentiert die ihm zuzuordnende Tierart, die zugleich eindeutiger „Zeitzeuge" der jeweiligen Umwelt ist, in der sie gelebt hat.

Dies gilt für die zugehörigen Ablagerungen nur dann ebenfalls, wenn der Zahn nicht aus älteren Horizonten umgelagert und sekundär eingebettet wurde. Andere Gegenstände aus Horn und Holz oder noch weniger beständigen Materialien, wie etwa Pflanzenteile, Felle und Häute, haben in den meist recht luft- und wasserdurchlässigen und damit der Verwitterung stärker ausgesetzten Schuttsedimenten selbst in den zusätzlich schützenden Höhlen und noch weniger in den Abtragungen eher ausgesetzten Hangzonen kaum „Überlebenschancen". Sie können nur erhalten bleiben, wenn die Wasserzirkulation und der Luftzutritt begrenzt sind und damit die Zerstörung durch anorganisch oder organisch gesteuerte Oxydationsvorgänge verzögert wird. Bei Hölzern genügen stabile Grundwasserverhältnisse mit geringen Austauschvorgängen, wie etwa bei den als Serie bisher einzigartigen altsteinzeitlichen Wurfspeeren von Schöningen in Niedersachsen (Müller-Beck 2001, Thieme 1999) oder den häufigeren hölzernen Geräteteilen aus den jungsteinzeitlichen Feuchtbodensiedlungen im Alpenvorland. Bei besonders günstigen Bedingungen, etwa in einem gut vor Erosionen geschützten und mit fast sauerstoffreiem Faulschlamm gefüllten tiefen Becken, können selbst feinste Skelett-Details und Körperabdrücke über Jahrmillionen erhalten bleiben, wie in der Grube Messel in Hessen aus dem frühen Tertiär (Schaal u. Ziegler 1988).

Ganz hervorragende und besondere Bedingungen bietet der „Perma/Dauerfrost" über Jahrzehntausende oder Jahrtausende hinweg, beispielsweise für die mit Haut und Haaren erhaltenen sibirischen Mammuts oder den berühmten „Ötzi" aus Tirol, der in oder besser „unter" einem Gletscher erhalten blieb. Allerdings haben bei ihm gleich ganze Serien seltener Zufälle gewaltet. Dazu gehört vor allem die Tatsache, daß der Unglückliche durch eine Felsrippe, hinter der er schon zu Lebzeiten für seinen letzten Schlaf Schutz gesucht hatte, vor der Verlagerung im langsam bergab kriechenden Eis – wie sonst bei Gletscherleichen die Regel – geschützt blieb: eine einzigartige Ausnahme in den sonst waltenden „normalen" Regeln der Wahrscheinlichkeit! Weiterhin können extrem trockene Verhältnisse wie Wüsten- oder Höhenklimate durch rasche Austrocknung zur Mumifizierung und damit besseren Erhaltung führen, was auch beim Gletscher-Mann aus dem Ötztal eine Rolle spielte. Ebenfalls besondere Bedingungen bieten durch Unterdrückung der sonst überall waltenden zerstörenden Oxydationen die Salzvorkommen in alten Bergwerken, wie die bei Hallstatt in Österreich, oder die Erdpechlagerstätten im Beskidenvorland, in denen ein ganzes eiszeitliches Nashorn erhalten bleiben konnte, das in Krakau im Museum zu besuchen sich lohnt.
In unseren Jurahöhlen haben wir derartige Sonderbedingungen nicht. Allenfalls verstärken eingewaschene feinkörnige Lockersedimente aus höheren primären Lagen oder eingewehte Feinsande, Schluffe und Tone, die als „Löße" bezeichnet werden, die Dichte der an sich meist lockeren körnig-eckigen Schutteinlagerungen. Derartige schützende „Porenfüllungen", die den zerstörenden Wasserdurchlauf reduzieren, kommen schon in den Schichten des Vogelherdes, in Mauern bei Neuburg an der Donau und

recht häufig im Spätglazial vor, wie etwa im Petersfels bei Engen im Hegau, wo Hangschutt sich gut erkennbar mit Bachablagerungen verzahnt (Albrecht 1979). Noch deutlicher wird dies in Birsmatten, in der Nordschweiz, wo letzteiszeitliche Hanglöße vor Verdichtung durch die nacheiszeitliche Vegetation erst in die Bachschotter und darüber in den in die Höhle kriechenden Hangschutt eingeschwemmt wurden und Teil der sich stabilisierenden Ablagerungen bilden, in denen altsteinzeitliche, mittel- und dann erste jungsteinzeitliche Funde eingelagert wurden (Müller-Beck in Bandi 1963). Wichtige Voraussetzung dabei war, daß die durch die Schotter belegte Wasserführung der Birs allmählich dank der Bindung der ablaufenden Oberflächenwässer im Boden unter dem neu aufstockenden Wald und die frühere Ausräumung der Höhle bei Hochwässern nachließen.

Ganz grundsätzlich gilt also, daß nur Objekte, die als „Einschlüsse" rasch von möglichst feinkörnigen, neu gebildeten Ablagerungen „eingebettet" werden, überhaupt Chancen haben, erhalten zu bleiben. Abschluß gegen Oxydationsschäden durch stehendes Wasser oder gar permanente Eisbildungen oder extreme Trockenheit verbessern die Erhaltungsmöglichkeiten auch empfindlichster Objekte.

Ohne Sedimentation also keine paläontologischen oder archäologischen Funde!

Diese Einbettungsvorgänge sind mannigfach und immer wieder in ihrem Ablauf von Zufälligkeiten bestimmt, wie alle Vorgänge, bei denen verschiedene voneinander unabhängige Faktoren ein gemeinsames Ergebnis produzieren. Die beiden wichtigsten Faktoren sind der Zerfall fester Gesteine vor Ort, um so wieder beweglichen Schutt verfügbar zu machen, und die den Transport berg- und talab verursachende Schwerkraft. Dazu kommt aber auch die Vorgabe der zuvor „historisch" über die Zeiten hinweg gewachsenen Reliefs, in denen die jeweils sedimentierenden Bildungsvorgänge der neu entstandenen Lockergesteine ablaufen (Schneidermeier 2000).

Alle, auch die härtesten Felsoberflächen werden durch die Einflüsse des Wetters unter verschiedenen klimatischen Bedingungen zerstört. Einer dieser Witterungsfaktoren ist der Einfluß von Temperaturänderungen bis hin zum Frost. Sie produzieren Schutt, der zu ganzen Decken werden kann und auch unsere Jurahöhlen füllt, wenn sie zuvor durch Auswaschungen als Hohlformen und „Sedimentfallen" gebildet worden waren. Der meiste Schutt aber wird an den Hängen durch Bäche und Flüsse abgetragen und beim anschließenden Transport zu immer stärker gerundeten Schottern geformt. Bei längerem Transport entsteht aus Schotter Sand und schließlich Schluff und Ton. Wobei Schluff ganz simpel nicht mehr Sand und noch nicht Ton ist. Diese Unterschiede werden unterdessen zur klaren Verständigung metrisch, als Korngrößenklassen, aber noch keineswegs weltweit in gleichen Schritten, definiert. Doch Sand, Schluff und Ton können auch ohne längeren Transport je nach Ausgangsgestein schon direkt vor Ort gebildet und anschließend durch Wasser und starken Wind verfrachtet werden, um sich in Senken und im Windschatten als Löß oder als Dünen abzusetzen (Bleich 1983).

In engen tiefen Tälern mit kleinen Bächen herrscht der Schuttanfall vor, in breiten mit großen Strömen die Schotterbildung. Bei dichter warmzeitlicher Vegetation verringern Pflanzen und Böden die mechanische Oberflächenerosion, und die chemische Gesteinsverwitterung durch Lösungsvorgänge ist stark entwickelt. Bei kaltzeitlichen Verhältnissen mit lichter Vegetation nimmt vor allem im Gebiet häufiger Frostschwankungen die mechanische Gesteinszerstörung sehr zu. Bei anhaltendem, in hohen Lagen in den Eiszeiten ganzjährigem Frost setzt die Gesteinszerstörung endlich gänzlich aus. Es ist deshalb kein Zufall, daß wir die vollständigsten und am stärksten gegliederten Lößablagerungen in den weiten offenen Flußebenen der osteuropäischen, asiatischen und amerikanischen Steppen finden, deren Ströme zudem in gewaltigen Mengen leicht ausblasbare Tone, Silte und Feinsande ablagern. Dies gilt vor allem dort, wo durch Dauerfrostbildungen in den Auen die Tiefenerosion der Ströme behindert wird und sie daher ihre Seitenerosion bei Hochwässern und damit die Breite ihrer flachen Wasserführung in vielen seichten Seitenarmen enorm verstärken. Freilich nur dort, wo dies vom Großrelief und dessen Entwicklung her möglich ist. Im Grabenbruchtal des Oberrheins sind dafür rascher Grenzen gesetzt, ebenso an der Oberen Donau oder in den Schichtstufenlagen des Neckars. Anders dagegen in der Wachau oder den nördlichen Pollauer Bergen an der Taya südlich von Brünn, wo die im Löß eingelagerten Fundstraten unsere älteren östlichen Vergleichsfunde aus meist großflächigen, immer wieder aufgesuchten Stationen lieferten. Solche jagdstrategisch bedingten Lagerplätze kennen wir im Jura selbst wegen des Fehlens derartiger Ablagerungen bisher nur selten, zum Beispiel am Petersfels, wo eine entsprechende Station noch der planmäßigen Ausgrabung im weit schmäleren, heute trockenen Brudertal unterhalb der Höhle harrt (Albrecht 1979). Sie kamen einst zweifellos auch im Talsediment der Lone und nördlich davon im breiten Tal der Donau vor. An der Donau wurden sie mit hoher Wahrscheinlichkeit vor allem wohl am niederschlags- und schmelzwasserreichen Ende der Eiszeit durch Ausräumung der alten Oberflächen vermutlich weitgehend zerstört.

Entsprechend den wechselnden Verhältnissen der letzten Eiszeit gibt es immer wieder Phasen, in denen Einbettungen durch Sedimentumlagerungen begünstigt werden. Das sind jene „Fließerdezeiten", die nach den stabileren Bodenbildungen unter der dichteren Vegetation der wärmeren Phasen – meist etwas generalisierend als kühlere „Interstadiale" oder wärmere „Interglaziale" bezeichnet, abgeleitet von glaziologischen Phasenbegriffen – oft länger anhaltend wirksam sind. Die Stationen von Dolní Věstonice und Pavlov in den südmährischen Lößzonen verdanken ihnen ihre Entstehung. In den kältesten Phasen sind die sommerlichen Auftauperioden über Jahre hinweg so kurz, daß Sedimente in größerem Umfang nur in kleinklimatisch besonders begünstigten Becken gebildet werden können. In ungünstigen Zonen kann die reduzierte Sedimentbildung Siedlungsleere vortäuschen, weil Ausfälle – in der Geologie „Schichtdiskordanzen" genannt – aus sich selbst heraus als Lücken in den faßbaren Ereignissen nicht beurteilt werden können, sondern nur nach Funden aus dem „Hangenden" und „Liegenden" darüber und darunter. Bei Dauerfrost kann auch die Schuttbildung kurz- oder langfristig gänzlich ausfallen und damit jede Chance der Fundeinbettung. Es ist klar, daß bei Beginn von Wiedererwärmungen und den damit meist verbundenen verstärkten Niederschlägen die Umlagerungsvorgänge bei noch karger Vegetation und den gelockerten Oberflächengesteinen verstärkt auftreten. Dieser endeiszeitlichen „Entsiegelungsphase", wie H. Graul (1983) sie in seinen Vorlesungen bildhaft genannt hat, verdanken wir den größten Teil der spätglazialen Ablagerungen in unseren Höhlen sowie an und in den sie umgebenden Hängen und Talgründen, in denen so viele Magdalénienfunde zum Vorschein kamen und in Zukunft nach systematischer Prospektion planmäßig geborgen werden könnten, wie es die Situation am Petersfels bereits beweist.

Wichtig ist außerdem für die Überlieferung aller Funde die Erhaltung der einmal gebildeten Straten, in denen sie eingebettet wurden. In den engen Donaudurchbruchstälern hatten die Schuttbildungen an Hängen und in Höhlen keine Chance, erhalten zu bleiben, solange der Strom als „Vorfluter“ dort vom Talgrund her ausräumte, je nach Wasserstand auch die Kalke erodierte und so an der Karstbildung bis weit in den Fels hinein mitwirkte. Erst dort, wo die Donau alte Talstrecken seit Ende der vorletzten Eiszeit oder schon zuvor aufgab, sich, wie bei Blaubeuren, neue Wege weiter im Süden gesucht hatte und nur noch die kleinen Flüßchen Blau und Ach das ehemalige Donautal durchflossen, blieben die Schuttfächer an den Hängen und in den Höhlen sowie auch die Talbodensedimente erstmals in großen Umfängen zusammen mit den reichen eingebetteten Funden erhalten. Das gilt nachweislich schon für den Kogelstein in Schelklingen mit seinen von Neandertalern hinterlassenen Spuren und ebenso für den Bereich der übersteilten Hänge am Geißenklösterle oder für die Brillenhöhle.

Gänzlich anders ist das Walten des die Urgeschichtsfor-
5 schung begünstigenden Zufalls im Lonetal mit seinen zahlreichen schon bekannten Höhlenfundstellen: Der Vorfluter dieses alten Abflußtales in der Jurahochfläche ist zwar auch die Donau, aber sie ist relativ weit entfernt und wird erst über die Brenz nach Dutzenden von Kilometern erreicht. Im ganzen Tal wurden, wie die Funde ausweisen, schon relativ früh nach dem letzten warmen Interglazial Schutt und Talgrundsedimente abgelagert, welche die in kaltzeitlichen Trockenphasen noch seltener Wasser führende Lone nicht mehr ausräumen konnte. Es kam zu ersten, in allen bisher untersuchten tiefgründigeren Höhlen und Talabschnitten anzutreffenden Ablagerungen über einer offenbar markanten interglazialen Ausräumungslücke, die aber partiell noch – eventuell umgelagerte – warmzeitliche Einschlüsse in Form von Tierresten oder Pflanzenpollen führen. Diese werden in einer weiteren großen Sedimentationsphase von kälteren Straten mit Funden aus der Mittleren Altsteinzeit überlagert, die am Bockstein weiter talaufwärts in den dortigen Talgrund hinaus reichen, wie die Ausgrabungen von R. Wetzel (1969) dokumentieren. Danach kommt es offenbar zu einer längeren Ausräumphase im großen Interstadial zwischen den beiden großen Kaltphasen der letzten Eiszeit.

Diese Ausräumphase dehnt sich allerdings nicht besonders weit talaufwärts aus, bewirkt aber, daß die heute relativ hoch über dem aktuellen Tal liegenden älteren Sedimente im relativ exponierten Vogelherd weitgehend erodieren (Riek 1934). Im Talgrund am Bockstein wirkt sich diese Ausräumung nicht mehr aus. Danach erst folgt die durchgehende Hauptsedimentation im Vogelherd, die an der Basis noch geringe Belege der späteren Mittleren Altsteinzeit erbrachte und darüber die mit eingewehtem Löß vermengten Schuttschichten, aus denen das reiche Aurignacien und die zugehörigen Elfenbeinfiguren geborgen wurden. Die darüber liegenden Deckschichten sind wenig mächtig. Das im Achtal in speziellen, auch durch die Gunst der Sedimentbildung geschaffenen Situationen reiche Gravettien fehlt ganz. Selbst das Magdalénien ist in dem damals von Sedimenten schon fast völlig verfüllten Vogelherd nur mit wenigen Funden nachweisbar. Gänzlich anders am Brudertal. Dort bildet das Tal selbst nach Ausweis der in seinem Unterende gefundenen Schotter im letzten Glazial eine Abflußrinne des abschmelzenden Rheingletschers, der sicherlich alle Funde aus der Petersfelshöhle ausgeräumt hat. Erst im Magdalénien bleiben Schutt und Rinnensedimente wieder am Hang und im Tal liegen und damit auch die Magdalénienfunde in einer jagdstrategisch zudem günstigen und oft zugleich wenigstens kleinklimatisch partiell geschützten Situation (Albrecht 1979, Albrecht u.a. 1983) mit wohl ersten hochstämmigeren Gehölzen an windgeschützten Orten während der frühen Wiederbewaldung in der Böllingphase.

Kurz gesagt: Nur dort, wo auch Sedimente gebildet werden und erhalten bleiben, können Funde eingebettet und gehoben werden. Wenn es um Spuren der kulturellen Akti-

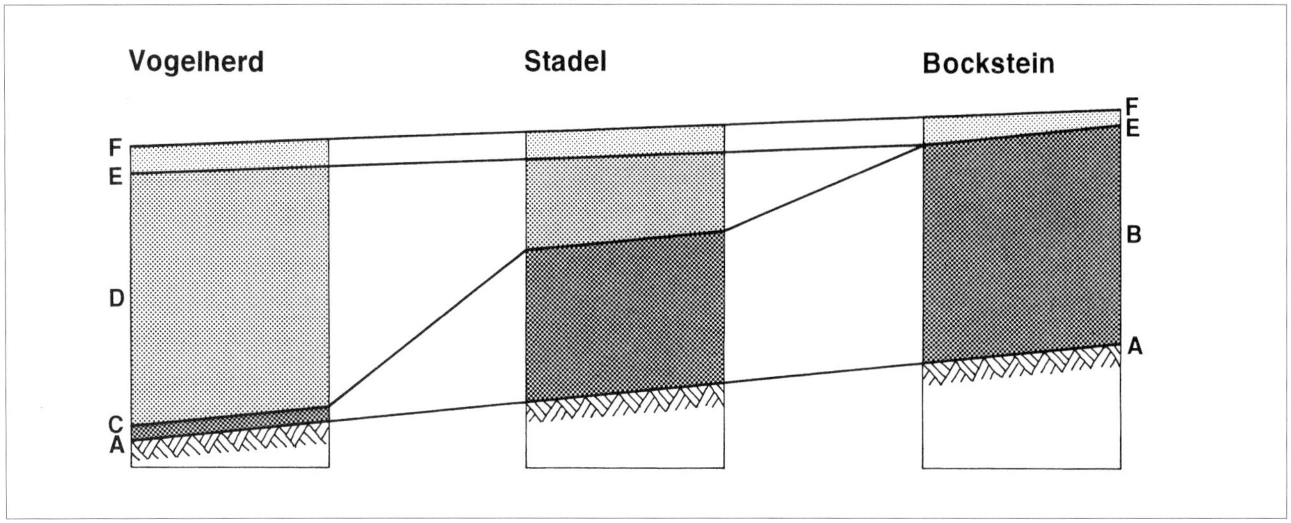


**5** Die eiszeitliche Sedimentationsdynamik im Lonetal: A: Ausräumung der Höhlenböden am Übergang vom letzten Interglazial zum folgenden Glazial; B: Ablagerung kaltzeitlicher Schichten mit Mittelpaläolithikum; C: Ausräumung der mittelpaläolithischen Horizonte von Osten her; D: Ablagerung neuer kaltzeitlicher Straten mit Aurignacien; E: Schichtbildungslücke im Hochglazial; F: Endglaziale Ablagerungen mit Magdalénien. Nur wo Sedimente gebildet werden und erhalten bleiben sind paläontologische und archäologische Funde möglich.

vitäten des Menschen geht, spielt auch immer die Zufälligkeit des menschlichen Handelns eine Rolle. Es sind neben der Gunst der Situation für die Jagd sowie die Lager- und Arbeitsplätze auch Entscheidungen zugunsten von Ritualplätzen notwendig, wie es so besonders dramatisch die Bilderhöhlen bezeugen, die kaum von ungefähr in den schützenden geheimnisvollen Tiefen der Höhlen angelegt wurden. Die Arbeit der Archäologen kann und muß mit aller Sorgfalt die Entstehung der Fundstraten und der in ihnen erhaltenen menschlichen Handlungen klären. Wir müssen aber stets der Tatsache eingedenk bleiben, daß wir bisher nur Bruchteile der ehemaligen Wirklichkeit bergen konnten. Das gilt besonders für die Funde zu den Anfängen der Kunst, die im Lonetal nur deshalb so häufig auftreten, weil gerade dort entsprechende Sedimentbildungen zu ihrer Erhaltung führten und zwar in relativ kleinen Höhlen, die schon früh trotz begrenzter Mittel mit viel Glück erforscht werden konnten.

## Verlorene Kunst

*Die Zeitspanne, in der unsere Vorfahren als mobile Jäger und Sammler gelebt haben, war um ein Vielfaches länger als die folgenden Entwicklungsabschnitte der seßhaften Ackerbauern und Viehzüchter. Die Entwicklung hin zu unserer heutigen Existenzform ist durch das Erfassen unserer materiellen und geistigen Wurzeln zu verstehen. Hierzu stehen dem Studium frühester Zeiten menschlicher Überlieferung zwei Quellen zur Verfügung: zum einen archäologische und anthropologische Boden-*

*funde, welche die urgeschichtlichen Wildbeutergesellschaften in ihrer kulturellen und physischen Entwicklung illustrieren, und zum anderen Zeugnisse rezenter Jäger und Sammler, die noch heute oder bis vor kurzem als Naturvölker gelebt haben und deren Dokumentation uns Gelegenheiten zum Vergleich bietet. Die Verknüpfung dieser beiden Quellengattungen erlaubt es dem Archäologen, ergrabene lückenhafte Befunde mit Leben zu füllen und Modelle vergangener Zeit zu schaffen.*

## Überlieferungschancen urgeschichtlicher Kunstobjekte

Objekte aus Holz oder Leder, aus Rinde oder Pflanzenfasern, unter ungünstigen Bedingungen sogar aus Knochen, Geweih oder Elfenbein sind im Lauf der Jahrtausende vergangen oder nur fragmentarisch erhalten geblieben. Was würden wir von der bekannten Gletscherleiche aus den Ötztaler Alpen finden, wenn wir ihren Körper in einer der vielen Höhlen des Jura ausgraben würden? Dieser Mensch der ausgehenden Jungsteinzeit wurde plötzlich aus dem Leben gerissen. Nur auf Grund seiner Lagerung im Gletschereis blieben uns seine Kleidung, Waffen und andere alltägliche Ausrüstungsgegenstände, aber auch seine Tätowierungen erhalten (Höpfel et al. 1992). Was würde uns von der Kunst der Aborigines, der noch in steinzeitlichen Traditionen lebenden Ureinwohner Australiens, überliefert sein, wenn sie nicht für die Nachwelt in Sammlungen dokumentiert worden wäre und wird? Eine Kunst, der häufig Rinde oder Holz als Träger dient oder deren in Lehm geritzte oder mit farbigen Erden gezeichneten Bilder meist gleich nach einer Zeremonie verwischt werden.

Betrachten die Archäologen unter den Aspekten der Erhaltungsfähigkeit und der Erhaltungsbedingungen das in diesem Rahmen behandelte Fundgut der Eiszeitjäger, so muß ihnen die Lückenhaftigkeit ihrer Quellen zu Bewußtsein kommen. Nur wenn optimale Erhaltungsbedingungen gegeben sind, stößt der urgeschichtliche Archäologe auch auf Kunstgegenstände geringerer Erhaltungsfähigkeit. Ähnliche Klimabedingungen, wie wir sie für die Zeit der Eiszeitjäger annehmen, finden wir in der Arktis. Wir begegnen in den Fundkontexten der Inuit und ihrer Vorläufer Kunstobjekten, wie wir sie unter anderen Erhaltungsbedingungen auch in den Fundorten der Jäger und Sammler der letzten Eiszeit erwarten könnten. Teilweise belegen diese bei den Inuit aus Treibholz gearbeiteten Objekte die Fertigung eines in der Regel aus resistenterem Material wie Walroßelfenbein geläufigen Objekttyps (MacGhee 1996). Anthropomorphe Figürchen aus Holz wie 6 KAT 100
die der Dorset-Kultur des nördlichen Kanadas (ca. 1000 v. Chr.–1000 n. Chr.), lassen unweigerlich an hölzerne Parallelen zum Löwenmenschen vom Hohlenstein-Stadel (Lonetal, Schwäbische Alb) *Tafel 5*, KAT 18 oder zum anthropomorphen Halbrelief aus dem Geißenklösterle *Tafel 8*, KAT 17 (Blaubeuren, Schwäbische Alb) denken. Der durch die im hohen Norden herrschenden optimalen Bedingungen erhaltene hölzerne Trommelrahmen KAT 101 aus der Dorset-Kultur, der die weit in die Vergangenheit hineinreichende musikalische Tradition der heutigen Inuit belegt, läßt den Archäologen nur erahnen, welche Vielfalt an Gerätschaften musikalischen und somit künstlerischen Schaffens in den gemäßigten Breiten auf Grund ihrer Erhaltungsbedingungen für immer verloren gegangen ist.

Ungebrannte Lehmfiguren, wie sie aus den Pyrenäen, zum Beispiel aus der Höhle Tuc d'Audoubert (Ariège, Frankreich) mit zwei modellierten Bisons, überliefert sind, oder auch Fingerzeichnungen im Lehm wie in den Höhlen von Gargas (Hautes-Pyrénées, Frankreich) und Niaux (Ariège, Frankreich) konnten nur unter günstigsten Umständen erhalten bleiben (Bahn u. Vertut 1988). Eine Voraussetzung hierfür ist die relative Abgeschlossenheit des Ateliers von weiteren

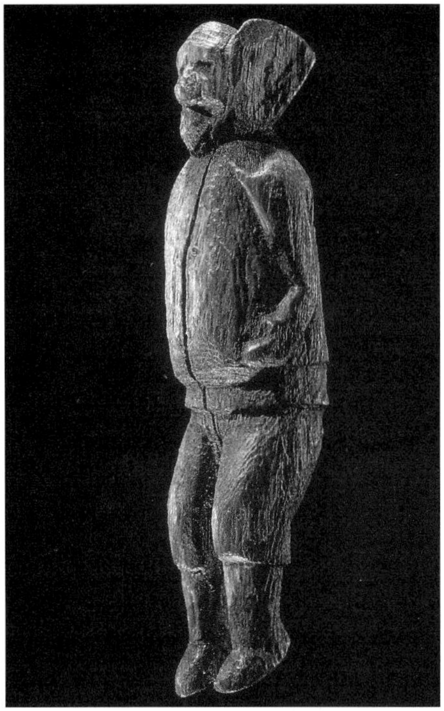

**6** Holzfigur der Dorset-Kultur
KAT 100

menschlichen und tierischen Begehungen bzw. von weiteren Ablagerungsvorgängen, welche die nicht gehärteten Figuren oder Fingerzeichnungen hätten zerstören können. Alleine die klimatischen Bedingungen im süddeutsch-schweizerischen Jura in der letzten Eiszeit, mit den an sie gekoppelten Ausräumungs- und Ablagerungsprozessen sprechen mit größter Wahrscheinlichkeit gegen einen Erhalt derartiger Plastiken im hier behandelten Raum. In den Freilandfundstellen Pavlov und Dolní Věstonice des Gra-
16 KAT 31 vettien in Südmähren (Tschechien) sind Fragmente von
KAT 25 Tierplastiken und Venusfiguren (Klima 1991), in diesem Fall jedoch aus gebranntem Lehm, erhalten geblieben (s.S. 52f). Hierbei kann jedoch nicht beurteilt werden, ob mit diesen Figuren erstmals der Nachweis einer neuen Technik vorliegt, die Stücke somit absichtlich gebrannt wurden, um stabilere Plastiken zu erhalten, oder ob sie zufällig in das Feuer gerieten. Für viele unserer archäologischen Höhlenfundstellen im Jura mit ihren komplizierten Sedimentationsbedingungen ist jedoch zu erwarten, daß nicht gebrannte Figuren bei Ausgrabungen im häufig dicht gepackten Sediment nicht erkannt werden.

## Archäologische Befunde und ethnologische Belege

Für viele archäologische Fundstellen ohne erhaltene Wandkunst konnte belegt werden, daß auch hier unsere eiszeitlichen Vorfahren Farbpigmente benutzten. Diese Fundkontexte lassen sich möglicherweise weit in die Vergangenheit, bis in die Zeit des *Homo erectus* zurückdatieren. Jedoch erst in den neandertalerzeitlichen Fundzusammenhängen nimmt die Anzahl der Farbpigmentnachweise zu. Aber auch hier, wie in Pech de L'Azé (Carsac, Dordogne, Frankreich), können sie nicht mit künstlerischen Äußerungen in einen Kontext gestellt werden. Erst mit dem Erscheinen des anatomisch modernen Menschen in der jüngeren Altsteinzeit (Jungpaläolithikum) ist es möglich, die nun häufig nachgewiesenen Farbpigmente in eine sichere ursächliche Beziehung zur Malerei zu stellen. Die auch in diesem Beitrag zu führende Diskussion um den möglichen Nachweis von Wandkunst im Süddeutsch-Schweizerischen Jura wird an anderer Stelle erfolgen (s.S. 75ff.).

Wie erklären wir uns jedoch das Vorhandensein von Pigmenten in Fundstellen ohne erhaltene Malereien? Grundsätzlich ist zu erwägen, ob diese nie vorhanden gewesen sind, ob sich ihre Färbung im Laufe der Jahrtausende aufgelöst hat, ob sie als Kleinkunstobjekte wie tragbare bemalte Kiesel bzw. Steinplatten, entfernt wurden, oder ob die Träger der Malereien aus organischem Material waren und somit vergangen sind. Auffällig ist, daß wiederholt roter Farbstoff in Bestattungen des *Homo sapiens neandert-*

*halensis*, zum Beispiel in Le Moustier (Frankreich) oder in La Chapelle-aux-Saints (Frankreich) gefunden wurde. Dies läßt zwar auf keinen direkt erkennbaren Zusammenhang mit Malerei schließen, deutet jedoch auf eine Benutzung des Farbstoffes unmittelbar am Körper der Bestatteten hin (Bordes 1952). In diesem Zusammenhang ist auch an Formen der künstlerischen Betätigung wie Körperbemalung oder an bemalte Kleidung zu denken.

Suchen wir Belege für ein Benutzen von rotem Farbstoff in der Völkerkunde, so bieten sich hier Funde und Befunde aus Nordamerika, genauer aus Neufundland und Labrador an (Marshall 1997, Reynolds 1978). Von einigen der hier ursprünglich beheimateten Ureinwohnern, den Stämmen der „Montagnais", „Saulteaux" und „ Illinois" ist das Bemalen des Gesichtes mit roten Farbpigmenten bekannt. Die intensivste Nutzung roter Pigmente ist von den „Beothuk" aus Neufundland überliefert. Sie überzogen bei einer jährlichen Zeremonie Gesicht, Haare und Körper mit einer Schicht roter Farbpigmente – eine Prozedur ohne künstlerischen Hintergrund, vielmehr, neben vielen anderen Aspekten, ein Zeichen der Stammesidentität. Auch bei den Bestattungszeremonien der Beothuk spielte der rote Farbstoff eine bedeutende Rolle und bietet Erklärungsmöglichkeiten für die oben genannten archäologischen Funde. So gaben die Beothuk rote Farbpigmente entweder in einem Päckchen mit in das Grab, streuten sie in die Erde, die den Körper bedeckte, oder brachten sie gelegentlich auch auf den Knochen von Sekundärbestattungen auf.

Weiße Händler berichteten, daß bei den Beothuk nahezu alle Gebrauchsgegenstände, insbesondere Kanus, Werkzeuge und Waffen, mit rotem Farbstoff überzogen wurden. Auch in den archäologischen Kontexten lassen sich Objekte finden, die mit roten Farbpigmenten in Berührung gekommen sind. Das unten erwähnte gravierte Schwirrgerät von La Linde (s.S. 91) sei hier genannt (Ferrier 1971). KAT 91 Im allgemeinen ist die Verwendung von Farbpigmenten auf den Schnitzereien und Gravierungen des Magdalénien im süddeutsch-schweizerischen Jura nicht mehr erkennbar bzw. es wurde auf eine farbige Ausschmückung verzichtet. Aus anderen Fundzusammenhängen wie der Grotte de La Vache (Ariège, Frankreich) liegen Ensembles mobiler Kunst vor, die graviert und farbig bemalt sind (Buisson et al. 1989). Hier stellt sich die Frage, ob eine absichtliche Verwendung von Farbpigmenten zur künstlerischen Verdeutlichung der Gravur vorliegt. Für einige Athapaskenstämme ist überliefert, daß sie dem roten Farbstoff eine gewisses Maß an übernatürlicher Kraft zusprachen. Ob ein derartiges Motiv auch eine Rolle bei unseren jungpaläolithischen Vorfahren spielte, darüber kann nur spekuliert werden.

Fargpigmente in Freilandfundstellen wie Gönnersdorf könnten auf Relikte von bemalten Zelten hinweisen (Bosinski 1981). Parallelen für derartige Befunde finden wir möglicherweise in den bemalten Initiationshütten der „Yahgan-Indianer" Feuerlands, deren Inneres in den Farben Rot, Weiß und Schwarz bemalt war (Kirkland Lothrop 1928). Daneben belegen völkerkundliche Studien jedoch auch den alltäglichen Gebrauch von Farbpigmenten bei der Fell- und Lederbearbeitung. So ist für die „Kutchin", einem Athapaskenstamm Nordamerikas, überliefert, daß sie ihre Kleidung mit Öl oder Fetten und roten Farbpigmenten gegen Witterungseinflüsse zu schützen versuchten. Mit diesem Verfahren zur Imprägnierung von Häuten und Fellen können wir eine plausible Erklärung für rote Farbpigmente in den eiszeitlichen Freilandfundstellen mit Zeltbefunden finden, die somit nicht zwingend mit dem Ausschmücken des Zeltinneren in Zusammenhang stehen müssen.

Daß auch der eiszeitliche Mensch selber als Träger sogenannter „Körperkunst“ in Frage kommt, steht außer Zweifel. Neben der einfachen, bereits erwähnten Körperbemalung wird auch das Anfertigen von Tätowierungen diskutiert.
Aus der Völkerkunde sind uns Tätowierungen von den Inuit (Nelson 1983) und den Ainu (Insel Hokkaido, Japan; Leroi-Gourhan e. Leroi-Gourhan 1989) bekannt. Der griechische Geschichtsschreiber Herodot (geb. um 490, gest. etwa 425–420 v. Chr.) beschreibt Tätowierungen bei den Thrakern. Funde prachtvoller, mit Tiermotiven tätowierter mumifizierter Körper aus skythischen Gräbern belegen diese Sitte auch für das Nordschwarzmeergebiet für das 7. und 6. Jahrhundert v. Chr. (Rolle 1980). Auch auf dem Körper des Gletschermannes aus dem Eis der Ötztaler Alpen wurden Tätowierungen gefunden (Fleckinger u. Steiner 1999). Von diesen Kreuzen und Strichbündeln wird auf Grund ihrer bläulichen Farbe angenommen, daß sie mit Holzkohle ausgeführt wurden. Auffallend ist hier, daß sich diese Tätowierungen auf die Bereiche Lendenwirbelsäule, Knie und Sprunggelenk konzentrieren. Da diese Stellen des Körpers altersbedingte Verschleißerscheinungen aufweisen und noch dazu an traditionell überlieferten Akupunkturpunkten liegen, dürften im Gegensatz zu den oben angeführten Beispielen beim Gletschermann therapeutische Zwecke ursächlich für das Anbringen dieser Tätowierungen gewesen sein. Aus der Höhle von Mas d’Azil (Frankreich) wird ein Tätowierungsset beschrieben, das aus einem Stück Ocker und einigen spitzen Knochennadeln bestehen soll (Bahn a. Vertut 1988).
Ohne Bestattungen mit Körpererhaltung, wie sie aus der Zeit der Eiszeitjäger für sibirische Mammutkadaver belegt ist, werden wir diesbezüglich keine sicheren Nachweise erhalten.

## Der Archäologe als Faktor der Überlieferung

Jede Ausgrabung und die daran anknüpfende Bearbeitung der Funde und Befunde ist nur eine Interpretation der archäologischen Sachlage. Das Erkennen einer Quelle, die anschließende Diskussion in Fachkreisen und die hierauf folgende Akzeptanz oder Negation sind im allgemeinen die Schritte zur archäologischen Information. Dabei ist die Art, wie wir Archäologen unsere Vergangenheit sehen, von unseren eigenen, zeitgebundenen Erfahrungen und Prägungen, unserer eigenen soziokulturellen Identität abhängig. Ein hinlänglich bekanntes Beispiel hierfür ist der bedeutende Mediziner Rudolf Virchow (1821–1902), der den Schädel des später sogenannten Neandertalers einem „pathologisch Schwachsinnigen“ zuordnete. Wenn dieses heute auf Unverständnis stößt, so ist hierbei hervorzuheben, daß Virchow mit dieser Einordnung auf der Wissenshöhe seiner Zeit stand. Wenige ahnten damals (1856), in welcher Formenvielfalt sich der Mensch entwickelt hat. Wir dürfen annehmen, daß auch heute das Erkennen neuer Informationsquellen immer erst einen Reflexionsvorgang voraussetzt, in dem sich der Urgeschichtler mit den vielfältigsten Möglichkeiten archäologischer Überlieferung auseinandergesetzt hat. Dieser ist häufig von der Persönlichkeit des Forschers abhängig, insbesondere aber von dessen Fähigkeit, Bestehendes unter neuen Blickwinkeln zu betrachten.

## Der Umgang mit dem „Kunstobjekt“

Beispiele aus der Völkerkunde lehren uns, daß nicht nur Erhaltungsbedingungen und Erhaltungsfähigkeit des vom „Künstler“ verwendeten Materials maßgeblich für die Überlieferung von „Kunstwerken“ sein können. Vielmehr wirkt hier auch die Aufgabe und die damit verknüpfte Bedeutung, die dem erzeugten Gegenstand oder der Malerei innerhalb ihres Bezugssystems innewohnen und die den Umgang mit dem Objekt oder der Malerei steuern.

Anläßlich seines Besuches bei den Kuskokwim-Inuit im Jahr 1936 stellte Hans Himmelheber fest, daß Masken oder Malereien nur in den seltensten Fällen aus reinem Gestaltungsbedürfnis entstanden (Himmelheber 1953). Fast alle Kunstwerke wurden im Zusammenhang mit zwei der neun Winterfeste hergestellt. Hierbei entstanden Masken, Trommeln und Tanzstäbe in der Regel erst kurz vor dem Gebrauch: Masken, weil der Schamane einen „Künstler“ dazu veranlaßte oder weil man selber im Tanz ein Tier darstellen wollte; Trommeln, um eine dargebotene Geschichte begleiten zu können. Einzig und allein um die Zeit dieser Feste wurde in den Kuskokwim-Inuit-Dörfern ein paar Wochen lang eifrig geschnitzt und gemalt. Danach schlummerten die Talente wieder bis zum nächsten Winter.

Die Bedeutung der hierbei geschaffenen Objekte für die Interpretation archäologischer Quellen wird deutlich, wenn man das Verhalten der Kuskokwim-Inuit nach den oben genannten Festen betrachtet. Die unter anderem mit den Abenteuern der Vorväter bemalten Trommeln wurden 7
während der Festtage viel besprochen und bewundert, und man möchte die eine oder andere wegen der schönen Malerei geschenkt bekommen. Nach dem Fest wurden sie weggeräumt. Im nächsten Jahr wuschen die Kuskokwim-Inuits die Trommeln ab und bemalten sie neu. Geborstene Trommeln wurden weggeworfen, ganz gleich, was auf ihnen abgebildet war. Die Masken fielen nach den Festen ausnahmslos dem Feuer zum Opfer. Fragte man nach dem Grund, so bekam man die Antwort: „Wir wollen im nächsten Jahr etwas Neues sehen.“

Interessant sind die Parallelen, die wir in diesem Zusammenhang zu einigen archäologischen Funden ziehen können. So wurden Gravierungen der Magdalénienfundstelle Pertersfels absichtlich zerstört, indem die Träger dieser Kunst, Knochen oder Geweihe, zerschlagen oder weiterverarbeitet wurden. Auch der größte Teil der Lehmplastiken der Freilandfundstellen Pavlov und Dolní Věstonice des osteuropäischen Gravettien (s.S. 51ff.) liegt uns nur fragmentarisch vor. Warum diese Objekte zerschlagen wurden, können wir letztendlich nicht sicher klären.

**7** Ein Kuskokwim-Inuit malt zwei Geschichten auf seine Trommel als Vorbereitungen zu einem Fest.

**8** Kuskokwim-Inuit entwirft zur Untermalung ihrer Geschichte erläuternde Skizzen.

Noch begrenzter war die Lebensdauer der Bilder, welche die Kuskokwim-Inuit in den Schlamm oder Schnee zeichneten,
8 um Erzählungen zu illustrieren. Diese Bilder lebten nur für Minuten und wurden durch neue ersetzt, um den weiteren Fortgang der Handlung zu veranschaulichen. Dabei kam niemand auf die Idee, auf Häuten oder ähnlichem besonders schöne Bilder zu zeichnen, um sie entsprechend einem Märchenbuch bei den Erzählungen vorzulegen. Auch hier, wie bei den erwähnten Masken, rechtfertigte der beigemessene ästhetische Wert der Zeichnung nicht deren Erhalt. Im Sand oder im Schnee konnten an der gleichen Stelle beliebig viele erläuternde Darstellungen gezeichnet werden. Es lassen sich Parallelen zu den magdalénienzeitlichen
KAT 39A Schieferplatten mit Gravierungen von Gönnersdorf ziehen
KAT 39B (s.S. 71ff). So zählten möglicherweise auch bei diesen schneller als die oben genannten Knochengravierungen herzustellenden Schiefergravierungen in erster Linie Inhalte und nicht die ästhetischen Eigenschaften der „Kunstwerke". Das würde gleichzeitig das mehrmalige Verwenden der Schieferplatten für sich immer wieder überlagernde und wieder auszuwischende Skizzen von Tieren, Menschen und Symbolen erklären.

Dem Darstellungszweck entsprechend war die Haltung des Kuskokwim-Inuit-Künstlers zu seinem Objekt. Die bildenden Künste der Kukoskwim-Inuit wurden wegen der Darstellung, nicht wegen ihrer ästhetischen Wirkung ausgeübt. Nur wo eine Darstellung benötigt wurde, tauchte diese auf, oft nur für kurze Zeit.

Doch warum wurden Darstellungen benötigt? Weil die Kuskokwim-Inuit die Sprache als ein unvollkommenes Mittel zur Schilderung sichtbarer Vorgänge betrachteten. Sichtbar erläutert wurde die Schilderung vorstellbarer, körperlicher. Als Himmelheber dem Inuit Lame Jakob eine Reihe von Zeichnungen zur Beurteilung vorlegte, antwortete dieser: „Das sind alles gute Malereien, aber sie sagen mir nicht viel, weil ich die Geschichten dazu nicht kenne."

Diese Szene macht deutlich, daß die bildnerischen Illustrationen der Kuskokwim-Inuit kein unwesentliches Attribut zur Erzählung, sondern neben Gesten die stärkste Form der als wichtig erachteten sichtbaren Sprachergänzung sind – nicht weniger, aber auch nicht mehr. Aus unserem heutigen Blickwinkel heraus würden wir Archäologen – wäre uns eine Zeichnung auf einer Trommel im archäologischen Kontext erhalten geblieben, und müßten wir auf die oben geschilderten Hintergrundinformation verzichten – die aus ihrem kulturellen Kontext gelöste Inuit-Zeichnung als eigenständiges Kunstwerk bewerten.

Der lediglich an wenigen Beispielen skizzierte fragmentarische Charakter der archäologischen Überlieferung zeigt, daß der urgeschichtliche Archäologe nur einen Bruchteil der geistigen und materiellen Kultur unserer eiszeitlichen Vorfahren mit seinen Bodenfunden erfassen kann und daß deren Deutung möglicherweise falsch ist. Neben Bereichen vergangener Gesellschaften, die wir archäologisch besser erschließen können, existieren auch solche, über die uns unsere Quellen nur in geringem Umfang oder eventuell gar nicht informieren. Der sich laufend ändernde Erkenntnisstand der Forschung bestimmt die Qualität der erarbeiteten Informationen. Jedoch gerade bei der Darstellung unserer nur lückenhaft rekonstruierbaren Vergangenheit ist zu vergegenwärtigen, daß oftmals archäologische „Tatsachen" durch bestimmte, aus unserer heutigen Zeit in die Vergangenheit hineingetragenen Fragestellungen konstruiert werden. Bei diesen Rekonstruktionen ist uns die Völkerkunde eine bedeutende Stütze. Sie bietet uns Möglichkeiten, allerdings jedoch keine Sicherheiten im Sinne von: „So ist es gewesen".

Stehender Bär,
Geißenklösterle
KAT 14

Mammut, Geißenklösterle
KAT 15

# Was ist Eiszeitkunst?

*Es lohnt sich, einige Leseminuten zu opfern, um sich über den so selbstverständlich scheinenden Begriff „Eiszeitkunst" klar zu werden. Dieser ist in seinen Inhalten entscheidend von den eiszeitlichen Verhältnissen geprägt, die gleichsam die Bühne sind, auf der diese Kunst agiert. Und es ist ganz besonders reizvoll, darüber nachzudenken, welchen Stellenwert dabei der Begriff „Kunst" einnimmt. Er unterscheidet sich tatsächlich sehr von der heute geläufigen Konzeption, die mit der Individualisierung von Kunst und Künstler unter Wiederaufnahme griechisch-römischer Ansätze durch die europäische Renaissance begann. Im 19. und 20. Jahrhundert kam die Trennung von vorherigen Traditionen als neuer bestimmender Trend auf einem Anlagen suchenden Sammlermarkt hinzu, der uns heute vor allem prägt.*

„Eiszeitkunst" – ein in allen Medien geläufiger Begriff. Offenbar einfach „Kunst" und wohl in der „Eiszeit", von der man schon oft gehört hat.

Doch bei näherem Hinsehen sagt das noch nicht allzu viel. Allein die Geologen kennen als Experten im sogenannten „Eiszeitalter" der letzten beiden Jahrmillionen mancherlei Eiszeiten und sogar noch eine ganze Reihe aus der Zeit zuvor. Wir haben darum zunächst festzustellen, um welche „Eiszeit" es hier geht. Es ist schlicht die letzte globale, die auch in Süddeutschland und der Schweiz vielerlei Spuren hinterließ. Sie begann erst vor etwa 80 000 Jahren, also vor knapp 2 700 Generationen von je rund 30 Jahren, und endete vor rund 10 000 Jahren, also vor gut 300 Generationen. Sie formte entscheidend den Hintergrund, vor dem sich das abspielt, was wir hier als „Kunst" vorstellen wollen. Eingangs hat Jürgen Waiblinger in kurzen Zügen dargestellt, daß diese letzte Eiszeit heute recht gut in verschiedene klimatische Phasen gegliedert werden kann.

Sie bildet insgesamt ein in sich eigenständiges und vor allem auch nördlich der Alpen umfassend prägendes Ereignis, das sich von den großen Warmphasen der letzten Zwischeneiszeit davor und der noch andauernden Nacheiszeit danach trotz jeweiliger Übergangsphasen ziemlich deutlich trennen läßt. Besonders charakteristisch sind damals die weiten offenen Landschaften der meist kalten Steppen und der noch kälteren Tundren gewesen. Wälder und Gehölze dünnen immer wieder stark aus und verschwinden bisweilen, aber meist nur kurz nahezu vollständig. Doch bei den hohen Sonnenständen in unseren Breiten sind die relativ langen Sommer, anders als in der heutigen kleineren nördlichen Arktis, höchst produktiv. Sie bieten trotz aller Klimaschwankungen einer Vielfalt von Pflanzen und Tieren Lebensraum.

Vor allem in und von diesen je nach Periode kühlen bis kalten, aber dennoch reichen Steppenzonen leben auch nördlich der Alpen bereits Menschen. Sie sind Träger schon relativ später steinzeitlicher Jägerkulturen mit hochentwickelten Überlebensstrategien und Nutzungstechniken, die dem damals vor allem im Winter extremen Klima gewachsen sind. Mit Sicherheit waren Frauen und Männer als Mütter und Väter ihrer Kinder aufeinander angewiesen. Wo diese Partnerschaft begann und wo sie endete, wissen wir nicht. Doch es spricht vieles dafür, daß die Geschlechter, wie in allen Kulturen, schon ihre traditionellen Rollen besitzen, die sie auch beidseits gegeneinander abgrenzen. So sichern die Frauen als erfahrene Sammlerinnen vielerlei auch in Steppen und Tundren verfügbarer Pflanzenprodukte – vom Löwenzahn bis zum Brennmaterial – neben den Großwild jagenden Männern die gemeinsame Ernährung. Gleichzeitig werden Frauen aber auch fraglos an der Jagd beteiligt sein, wenn dies neben ihren anderen Aufgaben sinnvoll und notwendig ist.

Diese Menschen der letzten Eiszeit sind für die ersten vier Jahrzehntausende als die späten, besonders „typischen“
9 robusten Neandertaler bekannt. Sie sind „uns modernen Menschen“ mit ihrer Konstitution an Kraft überlegen. Die Neandertaler sind die ersten Kulturschöpfer mit schon eindeutig menschlichem Bewußtsein, die nachweislich im kälter werdenden eiszeitlichen Norden Eurasiens ausharren, nachdem sie dort nach Ausweis der Funde in den wärmeren Jahrzehntausenden zuvor gelebt haben. Aber warum blieben sie?

**9** Der Neandertaler auf der Brücke von Veringenstadt (Baden-Württemberg)

Es ist dieselbe Frage, die später immer wieder auch bei den Kulturentwicklungen in den arktischen Steppen Eurasiens und bei den erst in der Nacheiszeit entstehenden hocharktischen Eskimokulturen gestellt wird. Sie läßt sich durch zwei für die Entwicklung der Menschen wichtige Grundfaktoren beantworten: Zum einen durch das durch den aufrechten Gang geschaffene Potential des Ausbaus der Nutzung der offenen Landschaften der Savannen und Steppen von Beginn der Menschwerdung an. Die Flucht zurück auf die Bäume war für Jahrhunderttausende dabei die wichtigste Rückversicherung gegen Angriffe von Großraubtieren, speziell Löwen, Tigern und Hyänen. Gegen die kleineren Beutegreifer, wie Leoparden oder Wölfe, konnte der Mensch schon sehr früh bestehen. Zum anderen kommt als weiteres Potential die Entwicklung der Technik hinzu.

Die Steingeräte werden mit zunehmender Beschleunigung verbessert und immer gezielter eingesetzt. Zu den sicher uralten Grabstöcken gesellen sich später Stoßlanzen, Wurfspeere und schließlich Pfeil und Bogen. Aus Häuten, Rinden und Fasern wurden ebenfalls schon früh Beutel und Taschen als Transporthilfen hergestellt. Aus denselben Materialien war die erste leichte und schützende, wohl relativ früh durch Verzierungen geschmückte und beim Vorstoß aus den Tropen gegen Norden auch je nach Bedarf aufwendigere wärmende Kleidung. Die Menschen konnten dank Verbesserung der zugehörigen Herstellungstechniken ihre in wärmeren Klimazonen funktional optimierten körperlichen Energiekreisläufe, bis in die sich gewaltig ausdehnende eiszeitliche Arktis mitnehmen.

Die Nutzung der offenen Landschaften in immer größerer Entfernung von den auch heutzutage noch alle Menschenaffen schützenden Fluchtbäumen brachte zwar größere Risiken mit sich, aber auch enorme Chancen: Ein aufrecht gehendes aufmerksames Wesen lernte sich durch ständige Beobachtungen gegenüber Überraschungen besser zu sichern. Im dichten, nur von schmalen Pfaden durchzogenen Wald der Menschenaffen gab es derartige nützliche Entwicklungsvorgaben nicht. Außerdem blieben die Hände beim ständigen aufrechten Gang frei, um dank größerer Beweglichkeit Lasten an Sammelfrüchten und Beutetieren sicher in die Nähe der Schutzbäume zurückzubringen oder Kinder in rascher Flucht dorthin zu retten (Müller-Beck 2001). Darum war es nur folgerichtig, die zunächst in wärmeren Regionen erfundenen ökonomisch nützlichen Techniken zur Eroberung der offenen Landschaften weiterzuentwickeln sowie auch in kühlere, an Sammelpflanzen und Jagdwild ebenso reiche Savannen und Steppen und schließlich sogar in die gehölzarmen
10 Tundren vorzudringen oder dort auszuharren. Zumal als zu Beginn der letzten Eiszeit vor etwa acht Jahrzehntausenden allmählich die vom wärmeren Klima abhängigen Laubwälder in Eurasien um Hunderte von Kilometern, vom nördlichen Skandinavien bis an die Mittelmeerküsten, nach Süden zurückwichen.

Die die neuen Regionen im Norden über Jahrzehntausende hinweg erkundenden Neandertalerinnen und Neandertaler, hervorragende Kürschnerinnen und Holztechniker, wurden von morphologisch leichter gebauten („zweiten“ oder gar „dritten“) Menschen abgelöst: von den von der Anthropologie als „modern“ definierten Populationen des *Homo sapiens sapiens*. Es gibt vielerlei, oft ideologisch beeinflußte Spekulationen über den Ablauf dieses Überganges. Im Bereich der Technik als faßbarem Kern steinzeitlicher Kulturen sind es weltweit unterschiedlich beschleunigte Weiterentwicklungen älterer regional unterscheidbarer Ansätze. Die bisherigen Nutzungsstrategien veränderten sich in den letzten vier Jahrzehntausenden nach der Ablösung der Neandertaler durch „moderne“ Menschen nur noch graduell.
Aber es wird doch erstmals eine neue und entscheidende kulturelle Schwelle überschritten: durch die Herstellung von für uns erkennbaren Bildnissen in großer Vielfalt und in erhaltungsfähigen Materialien, denen wir unvermittelt in unseren Fundinventaren gegenüberstehen.

**10** Arktische Landschaft an der Grenze zwischen Taiga und Tundra bei Tuktuyaktuk an der Mackenzie-Mündung, Nordthwest Territories, Kanada

Wir dürfen dabei nicht übersehen, daß die Auswirkungen der globalen Temperaturabsenkung um maximal etwa 7°C, die im kälteren Norden rasch kritische Grenzen unterschritt, weiter südlich in den im Schnitt deutlich wärmeren Tropen gering blieben und die dortigen Ökosysteme kaum veränderten. Die zugehörige Tier- und Pflanzenwelt hätte sonst nicht überlebt. Ihr Raum wurde nur von den Polen her im Norden und Süden massiv eingeengt. Für die in jenen Regionen existierenden, ebenso weiterentwickelten menschlichen Kulturen gab es oft keine oder kaum erkennbare Veränderungen der bisherigen Ressourcen. Auch dort fand, soweit entsprechende Datierungsmethoden dies überhaupt schon zuverlässig erfassen können, früher oder später wieder mit unterschiedlicher Beschleunigung der Übergang zu morphologisch, also im Aussehen, modernen Menschen statt.

Die wenigen ältesten gesicherten Kunstwerke im südlichen Afrika, auf Blöcken oder sogar schon Fragmente abgeplatzer Wandmalereien in ergrabenen Fundschichten, sind rund fünf Jahrtausende jünger als die aus dem eiszeitlichen Europa. Doch dabei ist zu beachten, daß im südlichen Afrika bisher viel weniger Grabungen in entsprechenden Fundhorizonten durchgeführt und ganz generell auch für Gerätschaften weniger erhaltungsfähige Rohstoffe wie Knochen oder Elfenbein verarbeitet wurden. Es gab vielerlei harte oder feste Hölzer, bis hin zum kantenscharf herrichtbaren Bambus, die in den nördlichen Nadelholzwäldern weitgehend fehlen. Das gilt ebenfalls schon früh für die asiatischen Tropen wie sicher auch seit mehr als 40 000 Jahren für Australien. Aber gerade dort ist bei der Datierung der Anfänge regionaler Kunst größte Vorsicht geboten. Denn neben einfachsten Steingeräten, die zur Bearbeitung von harten Hölzern, Rinden und Bambusvarietäten noch in jüngster Zeit – beim ersten Kontakt mit europäischen „Entdeckern" im 18. Jahrhundert – ausreichten, gab es dort zugleich eine hochentwickelte und äußerst farbige Bilderwelt voller verschlüsselter Botschaften. Neben oft rasch verblassenden Felsbildern waren es in großer Zahl Malereien auf noch viel rascher dem Insektenfraß zum Opfer fallenden Hölzern und Rindenbahnen. Daß gerade in Australien schon sehr früh Holz intensiv und sorgfältig bearbeitet wurde, zeigen die dort gefundenen geschliffenen Steinbeilklingen, die mit einem Alter von 25 000 Jahren um weit mehr als ein ganzes Jahrzehntausend älter sind als die frühesten bekannten europäischen. Im Westen der Alten Welt fanden sich dafür aus Knochen geschliffene Keile aus gleicher Zeit, die wiederum in Asien oder Australien synchron bisher nicht nachweisbar sind. Berücksichtigt man, daß Australien sehr alte und in sich weitgehend geschlossene Sprach- und Kulturtraditionen besitzt, ist denkbar, daß auch dort die Herstellung von Bilderbotschaften früh begann oder sogar durch die ersten Einwanderer mitgebracht wurde, ohne daß deren Spuren erhalten blieben oder bisher gefunden wurden.

Doch wie fand diese hier gezeigte „Eiszeitkunst" bei uns ihr Ende? Sie wurde in ihrer Konzeption grundsätzlich ein Opfer des sich wieder erwärmenden Klimas und der dadurch vorrückenden Wälder. In fast ganz Europa, außer im höchsten Norden, verschwanden die lange weit verbreiteten Tundren oder zogen sich in alpine Regionen zurück, die zuvor vom „ewigen Eis" der bisweilen gewaltig angewachsenen Gletscher bedeckt waren. Die zeitgleichen, meist wildreichen offenen Parksteppen und Strauchtundren wichen vor dem aus Süden vorrückenden Wald zurück. Nach dem Erlebnis der Helle der Weiten folgte das des Dunkel der Wälder. Die Bühne der Eiszeitkunst war verschwunden.

Daß sich im Norden Europas, Asiens und Amerikas jägerische Kleinkunst und Wandbildkunst fortsetzte, zeigt lediglich, daß dort noch Bedingungen andauerten, die jenen der Eiszeit bei uns als „Welterlebnis“ jägerischer Kulturen ähnelten und weiterhin Entwicklungen erlaubten, die sich zwar eigenständig entfalteten, aber ganz unmittelbar doch Ansätze fortführten, zu denen auch die eiszeitlichen Wurzeln Eurasiens gehören (Mirimanow 1973). Der Beitrag von Claus-Stephan Holdermann berührt diese Zusammenhänge.

Nachdem wir den Begriff „Eiszeit“ hinterfragt und in unserem Zusammenhang erläutert haben, soll dies nun auch mit unserem zweiten Thementeil, der „Kunst“, geschehen.

Wie steht es tatsächlich um den anderen Teil des Begriffes „Eiszeitkunst“, der so geläufig scheinenden „Kunst“? Überdenken wir auch das in möglichst faßbarer Kürze: Wenn heute von Kunst gesprochen wird, ist dies sicher ein Bereich, der durch kritische Diskussionen gewissermaßen überhöhend bestimmt werden kann. Er läßt sich zumindest als Konzept, gleichsam akademisch, von „Kunstgewerbe“ oder gar der banalen „Nichtkunst“ trennen. Ob dies freilich wirklich überzeugend gelingt, wird in unseren pluralistischen Gesellschaften in der Spannung zwischen Traditionen und Originalität immer problematischer. Die kunsthistorische Forschung hat unterdessen gezeigt, daß es tatsächlich auch eine „Geschichte des Bildes vor dem Zeitalter der Kunst“ (so der Untertitel des wegweisenden Werkes über „Bild und Kult“ von Hans Belting, 2000) gegeben hat. Danach gibt es „die Kunst“ im aktuellen modernen, aber dennoch traditionell gebundenen Sinne tatsächlich erst seit der historisch reflektierenden Renaissance und der sie repräsentierenden Künstler. Davor waren Bilder besonders im Christentum, das sich inhaltlich gegenüber den „heidnischen“ Bildwerken der griechisch-römischen Kunst durchsetzen mußte, allein schon durch ihre geheiligte Gegenwart, wie einst die Statuen der Götter und Kaiser, ganz unmittelbar Vertreter des neuen Gottes, der Gottesmutter, des Gottessohnes und aller fürbittenden Heiligen.

Deren Abbildungen waren für viele Gläubige noch immer so wirkmächtig wie die Dargestellten selbst. Für abstrahierende Theologen war dies eine unhaltbare Konzeption, die aber die Gläubigen um keinen Preis aufgeben wollten. Die Dramatik dieser Kontroversen können wir als unterdessen „aufgeklärte“ Erben der Renaissance nur schwer unreflektiert nachvollziehen. Sie wird eher begreifbar am
Beispiel des Bildes der „Lukas-Madonna“, zu dem Maria 11
selbst dem Evangelisten Lukas Modell gesessen haben soll und das damit als das „richtigste“ und „ursprünglichste“ aller ihrer Bildnisse als wahrer Souverän der stolzen Republik Venedig galt. Maria war also nicht nur Patronin, sondern im Bild regelrecht Herrscherin ihrer dadurch geheiligten Stadt, wie einst Athena und Roma in ihren Stadtstaaten. Zugleich wird damit auch der Ortsbezug derartiger Mythen durch bedeutsame Bildwerke regelrecht beglaubigt. Aber das als „Lukas-Madonna“ für Venedig so wichtige Bild hatte vor seiner glücklichen Erbeutung durch die Venezianer im Kampf gegen das zuvor so mächtige Byzanz im Jahr 1203 auf einem Generalswagen als hohe Schutzmadonna eine andere symbolische Wertigkeit, die also umzudeuten war.

Damit wird an diesem Beispiel ganz grundsätzlich deutlich, wie stark das westliche und östliche Christentum mit den „heidnischen“ Vorstellungen der polytheistischen Antike verwoben blieb, die sicher bis in die Steinzeit zurückreichen. Sie unterscheiden sich damit grundsätzlich von dem revolutionären und strikten radikalen Bilderverbot der Juden, für die es blasphemisch ist, sich von Jahwe ein anthropomorphes oder gar zoomorphes Bild zu machen, das dem Unfaßbaren grundsätzlich nicht gleichen kann. Andere Religionen haben diese die Schrift als Dokument der

11 Die Lukas-Madonna, Schutzherrin Venedigs

sie Teil der Kulte sind – wie einst in der Eiszeitkunst: Sie sind sichtbar gemachte Vermächtnisse der Vergangenheit zur Bewältigung der bedrängenden Probleme der kurzen jeweiligen Gegenwart sowie gesicherte Verheißung für die ewig unvorhersehbare Zukunft.

Bilder erzählen in ihrem Kontext stets Geschichten, die ganz einfach, aber auch höchst komplex sein können. Sie erinnern dabei auch in der Gegenwart den Betrachter an eine konkrete Vergangenheit. Für die einheimischen Australier ist das die Traumzeit ihrer heroischen Ahnen – in die man auch im eigenen Traum zurückkehren kann, etwa wenn es darum geht, den richtigen Namen für den Sohn oder die Tochter zu finden. Im Kern bleibt aber immer ein mehr oder weniger verschlüsseltes, vor Zeiten geschaffenes Bild, mit dem wir uns als Betrachter auseinandersetzen können. Ob wir dabei nur auf der jeweils leicht faßbaren Ebene bleiben oder auch in tiefere Bedeutungshorizonte vordringen können, liegt einmal am Bild selbst, aber auch an uns und unserem Vorwissen. Dies aber hängt nicht zuletzt davon ab, was uns an erläuternden Quellen aus der Ursprungszeit vorliegt und wie weit wir sie deuten und verstehen können. Es kann aber auch Grenzen geben, die der Bildermacher als Schöpfer zieht und die nur für Eingeweihte überwindbar sind. Die kleine Skulptur eines Mammuts kündet sachlich unzweideutig von der Gegen-

Verheißung in den Vordergrund stellende Vorstellung übernommen, die naturgemäß erst dann möglich ist, wenn das Schreiben die Fixierung der Botschaften möglich macht. Auch daran sollten wir denken.
Aber nach wie vor bleiben Bilder noch immer dort unmittelbare heilige und damit unverzichtbare Botschaften, wo

wart der Eiszeit. Dazu wissen wir genug. Die Figur des Pferdchens aus dem Vogelherd scheint zugleich in seiner Haltung das Verhalten eines drohenden Wildpferdhengstes zu spiegeln. Doch es bleibt offen, ob das mehr ist als nur eine Zustandsbeschreibung. Der geradezu unglaubliche und in seiner ganzen Symbolik unfaßbare Löwenmensch aus dem Lonetal mit seiner Verbindung von tierischer Stärke und menschlichem, in dieser Kombination bei Thomas Mann in „Joseph und seine Brüder" (1959) sogar übermenschlichem, also göttlichem Bewußtsein bezeugt erstmals tiefe ursprüngliche Religiosität. Und die kombinierten geheimnisvollen, bisher isolierten Hieroglyphen auf der Rückseite des „Adoranten"-Plättchens sind vielleicht wirklich einfachste, aber schon komplexe Reflektionen über die in Sonne und Mond gespiegelte Zeit vor rund drei bis vier Jahrzehntausenden.

*Tafel 6,* KAT 3

*Tafel 5,* KAT 18

*Tafel 8,* KAT 17

Bereits der bedeutende deutsche Kunsthistoriker Wilhelm Worringer hat in seiner wegweisenden Dissertation „Abstraktion und Einfühlung. Ein Beitrag zur Stilpsychologie" zu Beginn des vorigen Jahrhunderts klare Begründungen für die Grundlagen unseres heutigen, unterdessen global vorherrschenden „westlichen" Kunstverständnisses in der Bewußtseinsbildung der italienischen Renaissance gesehen (Worringer 1959). Dazu begann sich damals freilich schon die „Moderne" zu gesellen, die sich von den im Handwerklichen wurzelnden, aber unterdessen oft akademisch erstarrten Traditionen befreien wollte. Worringer hatte schon damals die sich endgültig abzeichnende Tatsache beeindruckt, daß „Kunst" bis in die Eiszeit hinab reichte – über mehr als mindestens 10 000 Jahre, also weit über die Anfänge der mesopotamischen und ägyptischen Hochkulturen zurück. Er hat sich nach 50 Jahren 1959 mit seiner Dissertation noch einmal in einem Schlußwort mit dieser „Eiszeitkunst" auseinandergesetzt, die er als ungewöhnlich statisch empfand und ohne jene Entwicklungspotentiale, die ihm in anderen Epochen immer wieder begegnet waren. Ihm blieb daher vor bereits wieder vier Jahrzehnten nur der Schluß, daß jener Vormensch, der die Kunst der ausgehenden Eiszeit schuf, die mit der Höhle von Altamira und den Figuren des Magdalénien für Worringer faßbar war, auf keinen Fall identisch sein könne mit dem für ihn wirklich modernen Menschen, den er als Schöpfer und Fortsetzer der Renaissance-Kunst bewunderte. Was würde er wohl heute sagen, wenn ihm der „Löwenmensch" und der „Adorant" aus der Frühzeit der „Eiszeitkunst" begegnen würden?

Die Tierfiguren des damals schon bekannten Vogelherdes aus der gleichen fernen und in sich komplexen Epoche hat Worringer wahrscheinlich nur als relativ bescheidene Abbildungen der Originalpublikation von 1934 gekannt und kaum als Originale, die jetzt das Schloßmuseum Hohentübingen der Universität Tübingen allgemein zugänglich macht. Gewiß noch verblüffender wäre für ihn die Vielfalt der in ihrer Datierung noch nicht wirklich gesicherten Malereien in der Grotte Chauvet in Frankreich. *Tafel 15*
Amüsieren würde ihn wohl eher die Tatsache, daß viele Urgeschichtler heute dazu neigen, eben jene „Eiszeitkunst" ausgerechnet mit dem Auftreten des „modernen" Menschen, dem „Nachneandertaler", zu identifizieren, der sich ganz einfach, aber mit dem vollen Gewicht des Mythos als Nachfolger und „Überwinder" der Neandertaler definiert. Wobei noch nicht sicher ausgemacht ist, ob nicht unter den frühesten Schöpfern der Eiszeitkunst sogar noch Individuen waren, welche die körperliche Gestalt des Neandertalers besaßen. Ausgeschlossen ist das keineswegs, denn gerade im damals schon wieder atlantisch relativ klimagünstigen Südwesten Frankreichs lebten noch Neandertaler (nomenklatorisch: *Homo sapiens neanderthalensis*) zu einer Zeit, in der dort die frühesten Bildwerke entstanden. Allerdings wurden sie bisher noch nicht mit figuralen

Bildnissen in einer Schicht nachgewiesen. Andererseits nehmen wir an, daß Menschen modernen Typs (oder wie die Anthropologen sie benennen: Angehörige der „Unterart“ = Subspecies: *Homo sapiens sapiens*) an der Oberen Donau lebten, als die Vogelherdfiguren geschnitzt wurden. Nach Gustav Riek (1934) wurde ein eindeutig zu ihnen gehörender Schädel (unter der Bezeichnung Stetten 1) in dem gleichen Sedimenthorizont gefunden wie ein Teil der Figuren.

Was bleibt? Wohl der Vorschlag, den Begriff „Kunst“ nun doch über die noch heute gängige, allgemeine und seit der Renaissance „moderne“ Konzeption der Kunstwissenschaften hinaus auszuweiten. Mit der Renaissance, die eine programmatische und verblüffend kritische Wiederbelebung der Antike darstellt, begann auch der Aufstieg des politischen Eurozentrismus. Er war offensichtlich unvermeidbar und ist noch immer schwer überwindbar. Es ist unterdessen unzweifelhaft, daß Europa sich mit allen seinen vielgestaltigen Ablegern und Erblasten in seinem eigenen Interesse als fairer Partner in die sich so rasch globalisierende Welt einbringen muß. Dies heißt vor allem, endlich zu akzeptieren, daß es neben den unsrigen vielerlei „Geschichten“ und daher ebenso viele eigenständige Kulturen und Völker gibt mit der ihnen jeweils zugehörigen traditionellen, in ihren Vergangenheiten wurzelnden Kunst.

Die programmatisch einfache und umfassende Definition des genialen Leonardo da Vinci, der sich nicht nur als Praktiker, sondern auch als Kunsttheoretiker – bezogen auf die Malerei und gültig für jedes Feld der „Bildenden Künste“ – betätigte, besteht nur aus zwei Begriffen: „Wahrnehmung und Darstellung“(Leonardo da Vinci 2000). Darin ist eingeschlossen die gleichfalls uralte Musik, der davon untrennbare Tanz (s.S. 88ff) sowie die in Worte gefaßte Erklärung, die später in der nach Regeln gebundenen Dichtkunst kulminiert.

Das Wahrgenommene muß als gleichsam zu bannendes Ereignis, als berichtende Botschaft zur mit den Sinnen faßbaren Darstellung werden. Die Wahrnehmung des Botschafters setzt für den späteren Betrachter durch die gewählte Darstellung nur das Fundament, auf dem er weiterbauen kann und muß. Erst so wird die Botschaft begreifbar. Das kann auch bewußt in der Darstellung eines wahrgenommenen Geheimnisses gipfeln, das nicht endgültig entschlüsselbar sein sollte, wie es einst die Sphinx war und heute und für immer die Mona Lisa und ihr undeutbares Lächeln sind und sein werden.

Selbst jede neue Moderne kann sich der Vorgabe des Leonardo nicht entziehen, sogar dort, wo sie glaubt, sich von gewachsenen Traditionen verabschieden zu können. Mit den Worten des Pablo Picasso: „Angefangen mit van Gogh sind wir alle, so groß wir auch sein mögen, in gewissem Maße Autodidakten – man könnte fast sagen naive Maler. Die Maler leben nicht mehr innerhalb einer Tradition, und so muß jeder von uns alle seine Ausdrucksmöglichkeiten neu erschaffen. Jeder moderne Maler hat das vollkommene Recht, diese Sprache von A bis Z zu erfinden“ (Gilot u. Lake 1987, nach Adriani 2001).

Damit schließt sich der Kreis: In den ersten Anfängen der Kunst war alles irgendwann gänzlich neu zu erfinden, bis daraus regional und zeitlich zusammenfassende Traditionen entstanden, von über Zeit und Raum gebundener Bedeutung. Solcherart ist auch die „Eiszeitkunst“, die sich bemüht, Ereignisse als Botschaften festzuhalten und ihnen so erzählend gerecht zu werden, grundsätzlich schon „Wahrnehmung und Darstellung“. Im Fall unserer Ausstellung werden und bleiben Werke und Wahrnehmungen aus längst vergangenen Zeiten über ihre Darstellung in der

Gegenwart wiederum sichtbare und zu Leben erwachende Botschaften. Es ist das Vermächtnis einer längst vergangenen, nur scheinbar einfachen Welt, das sich zu respektieren gewiß lohnt, schon allein als Verdeutlichung der Vielfalt regionaler und in unterschiedlichsten Tiefen wurzelnden kulturellen Traditionen. Dabei sollte nicht vergessen werden, daß hinter den so unmittelbar zu uns sprechenden Künstlern, die sich bemühten, ihre Wahrnehmung in illustrierende Darstellungen von Ereignissen umzusetzen, immer einzelne Menschen standen. Menschen, die ihren Alltag mit seinen Risiken und Gefahren bestehen und ihre Zeitgenossen mit ihren Botschaften erreichen mußten.

Wir wollen gemeinsam versuchen zu verstehen – so weit uns dies gelingt –, was die hier durch die Objekte fixierten Botschaften bedeuten können. Wir werden mehr erfassen, wenn wir uns Mühe geben und die richtigen Fragen stellen, als aus dieser großen zeitlichen Distanz auf den ersten Blick zu vermuten ist. Wir haben uns aber auch damit zu bescheiden, daß wir nicht mehr alles begreifen können und daß uns am Ende doch zumindest das Staunen bleibt. Es wird auch viele nicht zu beantwortende Fragen geben, die erst durch neue Funde – die Feldarchäologie mit ihren Funden und Befunden ist das Experimentierfeld der Urgeschichte – eines Tages vielleicht doch wirklich „verständlich" werden.

Jeder Besucher ist eingeladen, unsere mit der notwendigen Sorgfalt vorgetragenen Argumente kritisch zu überdenken, wie das in allen historisch vielfältigen Kontexten nicht nur für die jeweils wenigen Spezialisten immer reizvoll bleibt. Dabei haben wir auch auf unsere eigenen Grenzen hinzuweisen, die sich nicht immer eliminieren lassen, ohne daß wir so weit gehen müssen wie der „Pinguin im Frack" der sonntäglichen Sendungen des Südwestrundfunks (SWR 1), wenn sein Zuhörer fragt: „Aber ist das alles wirklich wahr?" und der Frack antwortet: „Ganz gewiß, so wahr ich hier vor dir stehe!", worauf das Thema mit dem gewichtigen kritischen letzten Wort des Zuhörers relativiert wird: „Aber du sitzt ja doch schon die ganze Zeit auf meinem Bett!" Doch der Leser des Kataloges dieser Ausstellung mag beruhigt sein: Wir stehen dank der Arbeit vieler Urgeschichtler über nun schon vier Forschergenerationen hinweg doch meistens ziemlich aufrecht und können klar sagen: „Das ist wirklich wahr; und wo wir mit Hypothesen mehr oder weniger gut fundiert noch spekulieren müssen, ist das klar erkennbar gemacht, wie es sich gegenüber Zuhörer und Leser gehört."

# Ursprung der Kunst

*Die Anfänge ästhetischen Empfindens reichen sicher weit in die Menschheitsgeschichte zurück. Aber erst mit der beginnenden jüngeren Altsteinzeit (dem Jungpaläolithikum) vor rund 40 000 Jahren tauchen Objekte auf, die wir nach heutigem Verständnis als Kunstgegenstände und Träger komplexer Botschaften auffassen.*

Der Mensch als soziales Wesen ist abhängig von der Fähigkeit zur Kommunikation. Sprache ist hierbei das wesentliche Mittel des Informationsaustausches. Sie steht jedoch nicht allein. Auch Verhaltensmuster und außersprachliche Zeichen dienen der Verständigung. Für die Archäologie stellt sich die Frage, wie sich diese Merkmale menschlichen Zusammenlebens erschließen lassen. Voraussetzung hierfür ist die Überlieferung von Bildbotschaften in beständigen Materialien. Dabei wird die Schwelle von der verbalen zur bildlichen Kommunikation überschritten. Es handelt sich auch hier um Zeichen, von denen der Hersteller annimmt, daß sie verstanden werden.

Die Anfänge der Kunst hatten vermutlich eine begleitende, die verbale Kommunikation unterstützende Funktion. Indizien einer Sprachentwicklung sind der Aufbau des menschlichen Gehirnes und Stimmapparates. Frühe Hinweise der anatomischen Sprachfähigkeit sind mit dem Fund eines Zungenbeines aus der Kebara-Höhle in Israel für den Neandertaler überliefert (Tattersall 1999). Aber auch schon aus der Zeit des *Homo erectus* vor ca. 400 000 Jahren gibt es Belege für ein komplexeres kognitives Verhalten. Mit dem Faustkeil wird ein neuer Werkzeugtyp eingeführt, der für mehrere hunderttausend Jahre Verwendung findet. Aus dem niedersächsischen Fundort Schöningen (Kreis Helmstedt) kennen wir sorgfältig bearbeitete Holzspeere, die zur Pferdejagd dienten (Thieme 1999).

Am Beginn der Kunstentwicklung können durchaus Botschaften in vergänglichen Materialien gestanden haben, die nicht erhalten geblieben sind. Erste archäologisch faßbare Botschaften liegen mit den Strahlenstrichen auf einer Knochenplatte des *Homo erectus*-Fundplatzes Bilzingsleben (Kreis Artern) in Thüringen vor (Mania u. Mania 1988). Die Einschnitte heben sich mit ihrer regelmäßigen Abfolge deutlich von einfachen Schnitt- und Zerlegungsspuren auf Jagdbeuteresten ab (Steguweit 1999). Sie können Indizien eines ästhetischen Empfindens sein, das mit einem Gefühl für Formen, Farben und Strukturen Grundlage künstlerischen Ausdruckes ist.

KAT 1

Im Aurignacien, dessen Beginn rund 40 000 Jahren zurückreicht, scheint die Eiszeitkunst plötzlich und voll entwickelt aufzutreten. Die ältesten Kunstwerke Europas wurden im Geißenklösterle bei Blaubeuren (Alb-Donau-Kreis) gefunden. Bis heute gibt es keine gesicherten anthropologischen Funde, die belegen, mit welcher Menschenform das frühe Aurignacien verbunden ist. Neandertalerfunde von der südlichen iberischen Halbinsel und aus Kroatien

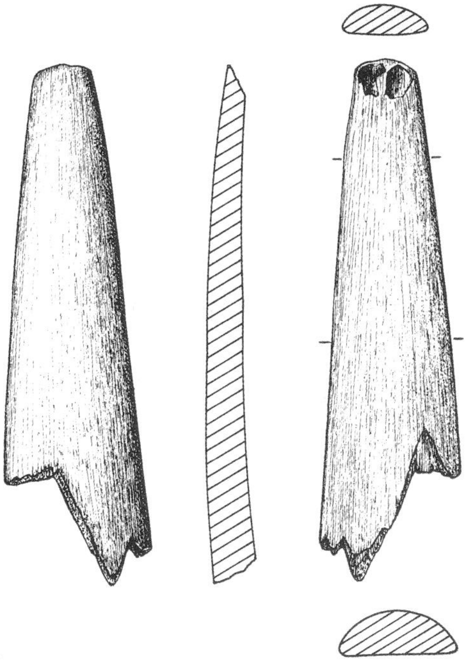

**12** Knochenspitze, Große Grotte KAT 2

mit einem Alter von rund 30 000 Jahren belegen seine Existenz bis weit in die Zeit des modernen Menschen hinein (Smith et al. 1999; Strauss 1996). Ob in Mitteleuropa mit einer Gleichzeitigkeit beider Menschenformen zu rechnen ist, kann gegenwärtig nicht entschieden werden.

Häufig wird erwogen, daß das Verschwinden des Neandertalers und das Auftreten des anatomisch modernen Menschen in einem ursächlichen Zusammenhang mit dem Erscheinen der figuralen Kunst, also von Vollplastiken, Reliefs und ersten Malereien steht. Die Frage ist dabei, ob der neu einwandernde moderne Mensch die Eiszeitkunst nach Europa bringt oder ob diese Kunst in Konkurrenz und im Spannungsverhältnis zu den Neandertalern vor Ort in Europa entsteht.

Zu untersuchen bleibt, ob in der mittelpaläolithischen Kultur der Neandertaler die Vorläufer dieses künstlerischen Schaffens vorhanden sind. Betrachten wir den technischen Aspekt, so sind mit den komplexen Steinzerlegungsstra- **12** KAT 2
tegien sowie der Geweih- und Knochenbearbeitung erste Voraussetzungen für ein entwickeltes Kunstschaffen erfüllt. Aus dem französischen Mittelpaläolithikum (Mellars 1996) kennen wir außerdem Schmuckgegenstände und den Gebrauch von Farbstoffen (s. S. 32). Neben dem ästhetischen Empfinden belegen Neandertalerbestattungen wie die aus der oben erwähnten Höhle von Kebara eine Gedankenwelt, die Jenseitsvorstellungen mit einschließt (Binant 1991). Müßte nicht auch eine originäre Neandertalerkunst existieren, und fehlen uns nur die entsprechenden Funde?

# Plastiken

## Aurignacien

*In der Aurignacienkunst des süddeutsch-schweizerischen Jura herrschen Plastiken generell vor. Sie konzentrieren sich bisher nahezu allein auf den relativ engen Raum der Mittleren Schwäbischen Alb. Neben kleinen Vollplastiken, einem Halbrelief, einem applizierten Flachrelief sowie einem Reliefplättchen steht bisher nur eine größere Figur.*

Mit einer Ausnahme wurden nahezu alle Figuren aus dem stabilen, aber doch relativ leicht schalig zerfallenden Mammutelfenbein geschnitzt. Nur sehr wenige Stücke sind daher vollständig erhalten. Das Mammut gehört im Aurignacien der Jurazone zu den wichtigsten bejagten Tieren. Einzig aus Niederösterreich ist als weitere aurignacienzeitliche Figur eine aus Amphibolit-Schiefer geschnittene Silhouette bekannt.

Bereits im ersten, 1931 durch Gustav Riek geborgenen Ensemble von insgesamt zehn Figuren aus den beiden Aurignacien-Horizonten des Vogelherdes im Lonetal bei Stetten dominieren Tiere, durchweg in ruhiger, verhaltener Haltung vor dem Beginn neuer Aktivität. Die Schnitzerei eines wegen seiner Halshaltung meist als Hengst gedeuteten Wildpferdes ist nur im sorgfältig ausgeführten Kopfbereich vollplastisch erhalten. (Tafel 6, KAT 3) Auf Halskamm und Rücken sowie auf der linken Brust sind eingravierte Markierungen angebracht. Es ist das eindrückliche Bildnis der einzigen Tiergattung, die, wenn freilich jetzt in domestizierter Form, bei uns noch immer existiert. Eindeutig ist auch der restliche Körper eines ursprünglich vollplastischen Bisons, der ebenfalls zahlreiche Markierungen aufweist. (Tafel 2, KAT 4) Dazu kommen drei sichere Mammutdarstellungen, von denen eine weitgehend vollplastisch ist und eindeutig ein erwachsenes Tier mit schon vor der Einbettung abgebrochenem Rüssel darstellt. (Tafel 1, KAT 5) Es besitzt neben Verschliffspuren der Aufhängung ebenfalls zahlreiche Markierungen. Diese bestehen bei dem Flachrelief eines sich aufbäumenden Mammuts, das auf einem wohl aus einem Beckenknochenabschnitt stammendem eiförmigen Anhänger angebracht wurde, (Tafel 2, KAT 6) aus lediglich drei Strichkerben, die durch weitere Markierungen auf dem Anhänger außerhalb des Reliefs ergänzt werden. Auf der nur als Endkörper eines größeren Mammuts erhaltenen Vollplastik sind keinerlei Markierungen vorhanden. (Tafel 18, KAT 7) Eine sechste Figur ist bisher nicht eindeutig bestimmt, sie wurde von Gustav Riek als Bär, von Joachim Hahn dagegen mit guten Gründen eher als Nashorn interpretiert. (Tafel 7, KAT 8) Beide Tiere gehören zu den Beutetieren der Aurignacien-Jäger. Die ursprünglich ebenfalls vollplastische Figur trägt eine Anzahl verstreuter Markierungen. Auch die siebente ehemalige Vollplastik wurde von Riek zunächst als Rentier den Pflanzenfressern zugeordnet, von Hahn in seiner eingehenden Analyse aber als Felide angesprochen. (Tafel 6, KAT 9) Dieser ist von den intensivsten Markierungen überzogen. Eine achte, besser erhaltene Vollplastik zeigt eindeutig einen in geduckter Haltung, aber wieder stehend verharren-

Löwen-Mensch-Figur,
Hohlenstein-Stadel
KAT 18

Wildpferd, Vogelherd
KAT 3

Rentier oder Löwe (?), Vogelherd
KAT 9

Nashorn(?), Vogelherd
KAT 8

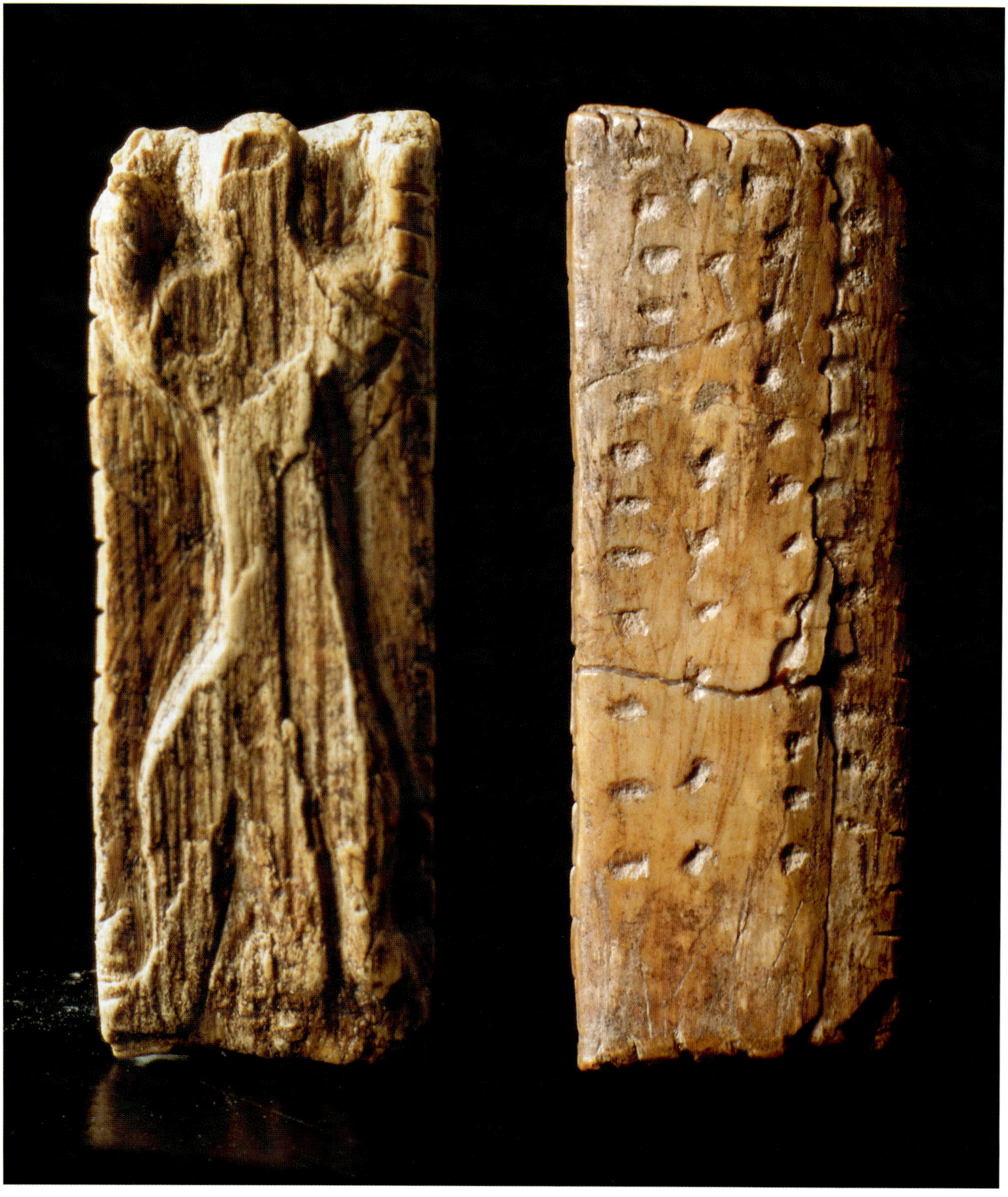

Anthropomorphes
Halbrelief, Geißenklösterle,
Vorderseite (links),
Rückseite (rechts)
KAT 17

Tafel 16, KAT 10 den Feliden, der von verstreuten Markierungsserien bedeckt ist. Offen bleibt dabei, ob es sich eher um einen Schneeleoparden oder vielleicht doch um das Bildnis eines schlankeren Höhlenlöwen handelt. Wobei nach neueren Diskussionen noch unklarer ist, wie nahe dieser Großfelide in der Steppentundra als Art oder Unterart *Panthera felis spelaea* in Körperbau, Fellzeichnung, Mähnenausbildung und in seinem Verhalten den heutigen eurasischen Löwen oder Tigern gestanden hat. Die neunte, schon 1931 Tafel 13, KAT 11 geborgene Figur in Form eines Halbreliefs auf einer wahrscheinlich bereits vor dem Schnitzen abgeplatzten Stoßzahnlamelle kommt offensichtlich diesem großen, eher schwer und gedrungenen Feliden nahe, wie er in Süddeutschland in Höhlen und im Freiland in Einzelfunden belegt ist. Seine Ohren sind auffallend spitz. Die wahrscheinlich so vollständig erhaltene Figur trägt wieder zahlreiche verstreute Markierungen. Nachträglich wurden, angeblich in der Abraumhalde, zwei Kopf-Außenteile eines Tafel 14, KAT 12 weiteren eindeutigen Feliden mit gerundeten Ohren und intensiver Markierung geborgen, dessen Kern fehlt. Es ist denkbar, daß der Kopf schon vor der Einlagerung vom Rumpf einer Vollplastik abgetrennt worden ist. Er könnte jedoch auch von Anfang an nur als isolierter Kopf geschnitzt worden sein.

Weitere Tierfiguren des Aurignacien stammen aus der seit 1973 von Hahn in zahlreichen Kampagnen geleiteten, systematischen Grabung im Geißenklösterle. Eine sehr Tafel 17, KAT 13 kleine Halbplastik ist am ehesten als weiterer Bison anzusprechen, der aus einer bereits zuvor abgelösten Stoßzahnlamelle gefertigt worden ist und Serien von Strichmarkierungen trägt. Sehr fragmentiert ist eine aus elf Bruchstücken zusammengesetzte Figur eines als aufrecht Tafel 3, KAT 14 stehend interpretierten Bären mit ausgebreiteten Vorderläufen und hochgerecktem Kopf, aber nur leicht geöffneter Schnauze. Er trägt ebenfalls einige Markierungen. Das dritte bisher aus dem Geißenklösterle stammende Tier ist ein massiges Mammut, das aus mehr als 40 Einzelfragmenten zusammengesetzt wurde. Tafel 4, KAT 15 Es zeigt die übliche in Ruhe verharrende Haltung und besitzt neun Serien von Strichmarkierungen, die über den ganzen Körper verteilt sind. Ein weiteres Tierköpfchen, das 1999 im Hohle Fels bei Schelklingen entdeckt wurde, könnte dem Aurignacien zuzurechnen sein. Tafel 18, KAT 25 Es liegt aber im unteren Grenzbereich der dortigen Gravettien-Horizonte und wird daher hier innerhalb dieses Zeithorizontes behandelt (s.S. 54f.).

Die zehnte, 1931 im Vogelherd ergrabene und in ihrer Form sehr abstrahierte, stabförmige Figur mit deutlich abgesetztem Kopf wird durchweg als menschlich betrachtet und ist wohl als nur partiell erhaltene Vollplastik anzusprechen. Tafel 9, KAT 16 Sie zeigt wiederum auf der erhaltenen Körperoberfläche in Reihen verteilte eingravierte Punktierungen, zoomorphe Merkmale fehlen gänzlich. Diese scheinen dagegen an einem anthropomorphen Relief mit kugeligem Kopf, mit eindeutig erhobenen Vorderarmen an menschlich breiten Schultern und mit offen gespreizt stehenden kurzen Beinen aufzutreten, das auf einem im Geißenklösterle gefundenen aurignacienzeitlichen Elfenbeinplättchen angebracht worden ist. Tafel 8, KAT 17 Arme und Beine sind in der Länge ungleich, so daß der Eindruck entsteht, die Figur träte aus dem Bild nach rechts heraus. Leider ist die ursprünglich wahrscheinlich sehr sorgfältig bearbeitete Oberfläche so stark verwittert, daß außer an den Vorderextremitäten, die Querkerben tragen, keine Details mehr sicher faßbar sind. Es bleibt daher offen, ob es sich bei der schmal-dreieckigen Fortsetzung zwischen den Beinen um einen organisch zugehörigen Schwanz handelt. Wie beim bereits genannten schlecht erhaltenen Bären ist hier eine in klarer Aktion gegebene Figur festgehalten. Ihr Gestus ist ziemlich sicher als ein über eine Distanz hinweg erbotener Gruß zu deuten. Es liegt nahe, darin überhöht entweder die ehrerbietige Anbetung eines Adoranten zu sehen, oder/und auch die antwortende Segnung eines eventuell als übermenschlich geltenden gnädigen Partners. Von besonderem Interesse sind die an den Kanten und auf der Rückseite des Plättchens angebrachten Punktreihen, deren Deutung als einfache, aber grundlegende astronomische Beobachtungen in einem gesonderten Kapitel besprochen werden (s.S. 63ff).

*Tafel 8*, KAT 17

Ähnlich dramatisch und in dieser Form für die früheste Eiszeitkunst gänzlich unerwartet ist schließlich die 28 cm hohe, 1939 kurz vor Kriegsbeginn gefundene und erst später im Museum aus unzähligen Elfenbeinsplittern zusammengesetzte Figur des Löwenmenschen aus dem Hohlenstein-Stadel im Lonetal, der vierten der bisher bekannten Alb-Stationen, die Aurignacien-Kunstwerke geliefert haben. Die Figur unterscheidet sich schon allein in ihren Größenproportionen von allen übrigen Plastiken. Hier sind noch eindeutiger als bei dem Relief auf dem Plättchen aus dem Geißenklösterle erkennbar tierische mit menschlichen Merkmalen kombiniert. Ein eindeutiger Löwenkopf sitzt auf einem allerdings überstreckten Körper in stehender menschlicher Haltung mit abgeschrägten blockig vereinfachten Füßen und leicht abgehobenen Armen. Die Haltung ist betont frontal, aber wieder, wie auch sonst üblich, in sich noch ruhend und eher schwebend angelegt. Alle denkbaren anschließenden Aktionen bleiben offen. Wie beim Bären aus dem Geißenklösterle ist das Maul nur leicht geöffnet. Wohl erst durch verbale Ergänzungen wurden die Botschaftsoptionen für Künstler und Betrachter wie im Puppenspiel umgesetzt. Im Fall des Löwenmenschen ist in der Kombination von Kraft und Bedrohlichkeit der Großkatze mit der unzweifelhaft menschlichen Haltung direkt eine übermenschliche, durchaus bis hin zum Göttlichen denkbare Ebene gemeint. Die Figur wurde ganz am Ende der Höhle gefunden und kann dort sehr wohl als auch regional bedeutsames Bildnis aufgestellt worden sein. Bemerkenswert ist bei ihr die Zurückhaltung bei den Gravierungen, die lediglich am linken Arm aus sechs erhaltenen breiten Streifen und feineren Kerben an den rundlichen Ohren bestehen. Trotz lang andauernder Diskussionen konnte das Geschlecht der Figur nicht klar bestimmt werden. Es scheint für den Schnitzer nicht von zu betonender Bedeutung gewesen zu sein.

*Tafel 5*, KAT 18

Zeitlich gehören nahezu alle Plastiken mit hoher Wahrscheinlichkeit in das vierte Jahrzehntausend vor heute. Die noch bestehenden Schwierigkeiten genauer Kalibrierungen derart früher Radiokarbonmessungen mit den entsprechenden Sonnenjahren machen es vorerst unmöglich, zu entscheiden, ob sie sich tatsächlich im oberen Abschnitt dieses Jahrzehntausends und im Übergang zum dritten Jahrzehntausend häufen. Lediglich das Köpfchen aus dem Hohle Fels, an der Grenze zu den dortigen Gravettien-Horizonten gefunden, könnte etwas jünger datieren.

Funktional kann also ganz allgemein gelten, daß auch schon die frühesten bekannten Plastiken unterstreichende Dokumentationsträger für in sie projizierte Bedeutungen waren, die wir nicht kennen, die aber je nach Situation variiert haben dürften und damit erst die in ihrer Haltung „neutral" gefaßten Figuren „zum Leben erwachen ließen". Teilweise waren die Plastiken nach Ausweis der Abnutzungsspuren sicher individuelle Anhänger mit zumindest partiellem Schutzcharakter samt ihrer zugehörigen jeweiligen „Geschichte", die damit als Konzept schon existiert haben müßte. Sie fungierten daneben offensichtlich auch als Vorstellungen von allgemeinerem rituellen, in der Vergangenheit wurzelnden und in die Zukunft hinaus wirkendem Gewicht, bis hin zur ersten Fassung der irdischen, aber doch himmlisch fixierten Zeitskalierungen: ein klares

Zeugnis bereits weit differenzierten menschlichen Bewußtseins.

Als einzige zeitgleiche Plastik kennen wir außerhalb der Jurazone bisher nur eine Silhouettenfigur aus der Löß-Station vom Galgenberg in Stratzing/Krems-Rehberg in Niederösterreich, die von der Ausgräberin Christine Neugebauer-Maresch als Tänzerin gedeutet wurde. Sie unterscheidet sich grundsätzlich von allen Varianten der Frauenbilder im auf das Aurignacien folgenden Gravettien, die über das ganze Eurasien hinweg einen breiten Traditionshorizont bilden (s.S.51ff). Andere Deutungen, etwa als die einer Keule tragenden männlichen Figur, sind denkbar, lassen sich aber nicht eindeutig absichern. Im Stil erinnert das Bildnis dennoch klar an die Flachreliefs der Mittleren Schwäbischen Alb, vor allem an den verhaltener aktiven „Grüßenden" oder „Adoranten" aus dem Geißenklösterle.

*Tafel 10,* KAT 19

Ähnlichkeiten bestehen in verschiedener Hinsicht auch zu den jüngeren Plastiken des Gravettien und Pavlovien, die ebenfalls spielpuppenhaft zum Teil in statischer Ruhe dargestellt wurden, aber auch sehr aktiv wie der springende angreifende Löwe von Pavlov. Die bisher bekannten Aurignacien-Plastiken können insgesamt trotz der Unterschiede im Detail prinzipiell als deren Vorläufer gelten. Ganz generell erinnern sie stark an die dortigen jüngeren, oft in großen Serien gefertigten Tonfiguren. Selbst in den erhaltenen aurignacienzeitlichen Elfenbeinschnitzereien der Alb scheint nicht selten die Vorgabe von Tonmodellen durchzuschimmern. Gewisse Anklänge in Form und flächendeckendem Markierungsdekor finden sich jedoch auch bei den als relativ früh angesehenen gemalten Pferden und aufgebäumten Mammuts in der südfranzösische Höhle von Pêche-Merle. Sie werden in der Regel schon einem breit gefaßten Gravettien zugeordnet.

KAT 33

Ob die hier vorgestellten Aurignacien-Plastiken aber auch gleichzeitig mit den Malereien von Chauvet sein können, *Tafel 15* muß beim dortigen Fehlen größerer, in der Beprobung besser dokumentierten Datierungsserien vorerst offen bleiben. Vom Stil her zeigen die Malereien von Chauvet jedenfalls einen beachtlichen, eher jung wirkenden Gegensatz, dessen früherer Beginn regional zunächst auch nicht auszuschließen wäre.

Die zuverlässig in das Aurignacien zu datierenden Plastiken der Mittleren Schwäbischen Alb beweisen bereits in der frühesten Zeit der faßbaren Eiszeitkunst alle Grundprinzipien plastischer Gestaltung. Von den Plastiken des jüngeren nordeurasischen Jungpaläolithikums sind sie durch ihre größere und „offenere" Verallgemeinerung konzeptionell deutlich abgesetzt.

## Gravettien

*Im Gravettien breitete sich eine neue Jagdwaffentechnologie über weite Teile Eurasiens aus. Aus Höhlenfundstellen sind plastische Kleinkunstwerke aus Kalkstein und Elfenbein bekannt. In der mobilen Kleinkunst spielten neben den Tierfiguren die Frauenstatuetten eine bedeutende neue Rolle. Mit Tier- und Frauenfiguren aus gebranntem Lehm konnte in Niederösterreich und Mähren die bisher älteste bekannte Keramik nachgewiesen werden. Gegenüber dem Magdalénien und dem Aurignacien erweist sich die archäologische Funddichte im Gravettien des süddeutsch-schweizerischen Jura als wesentlich dünner.*

## Anthropomorphe Figuren

Im Vergleich zum Aurignacien, aus dem Mischwesen vorliegen, die uns eine Einheit von menschlichen und tierischen Wesenszügen vermitteln, treten uns in der plastischen Kunst des Gravettien Figuren entgegen, die ausschließlich mit menschlichen Attributen versehen sind. Hierbei spielen maskuline Figuren, wie die an eine Glie-
13 KAT 27 derpuppe erinnernde Elfenbeinfigur von Brünn II (Tschechien) (Makowsky 1892) eine untergeordnete Rolle. Die Frauenstatuetten, die im allgemeinen Sprachgebrauch auch als „Venusfiguren" bezeichnet werden, bilden das charakteristischste Element der plastischen Kleinkunst des Gravettien. Aufgrund ihrer weiten Verbreitung von den Pyrenäen bis zum Don wird diese Fazies auch als „Statuettenhorizont" bezeichnet. Das Motiv der Venus ist hierbei jedoch nicht nur auf Skulpturen beschränkt, wie Reliefdarstellungen aber auch Gravierungen, zum Beispiel vom

**13** Männerfigur Brünn II
KAT 27

Felsdach von Laussel, Marquay (Dordogne, Frankreich), belegen.

Das deutlichste Charakteristikum dieser Statuetten ist die sehr starke Betonung der primären weiblichen Geschlechtsmerkmale. Bis auf wenige Ausnahmen wie den Frauenköpfchen zweier Statuetten aus Elfenbein aus der Grotte du Pape, Brassempouy (Landes, Frankreich) (Piette 1895) und aus Dolní Věstonice (Tschechische Republik) KAT 28
(Klima 1991), die individuelle Portraits bestimmter Personen darstellen könnten, wurde mit diesen Frauenabbildern das allgemeine „Prinzip Frau" durch Übersteigerung oder Reduzierung bestimmter Wesenszüge wiedergegeben.
Die Frauenfiguren des Gravettien sind zumeist rundplastisch und klein sowie unbekleidet und weisen häufig eine deutlich sichtbare Schamregion auf. Kugelige Köpfe wie bei der aus Kalkstein geschnitzten „Venus von Willendorf" *Tafel* 11,
(Niederösterreich) (Angeli 1989; Felgenhauer 1956/59; KAT 24
Szombathy 1909) ohne Gesichtszüge oder im Fall einer gebrannten Lehmfigur von Dolní Věstonice (Tschechien) (Ab- KAT 25
solon 1949) mit nur angedeuteten Gesichtsmerkmalen, sind ein weiterer Wesenszug dieser Statuetten. Häufig wird eine Frisur oder eine Kopfbedeckung dargestellt, liegen KAT 28
die dünnen Arme auf den voluminösen Brüsten wie in Willendorf oder verschwinden unter diesen wie in Dolní Věsto- KAT 25
nice. Viele der vollständigen „Venusfiguren" lassen durch ihre schwellenden Formen erkennen, daß hier Mutterabbilder dargestellt wurden. Der vorgewölbte Leib, das zumeist ausgeprägte Gesäß und die stämmigen Oberschenkel stehen in einem deutlichen Gegensatz zu den oft verkürzten Unterschenkeln mit fehlenden oder nur angedeuteten Füßen. 14 KAT 29

Mit diesen „Kleinkunstobjekten" wie der „Venus von Willendorf" liegt uns jedoch kein wirkliches Abbild eines paläolithischen Frauentyps vor. In diesen Statuetten wur-

**14** Frauenfigur KAT 29

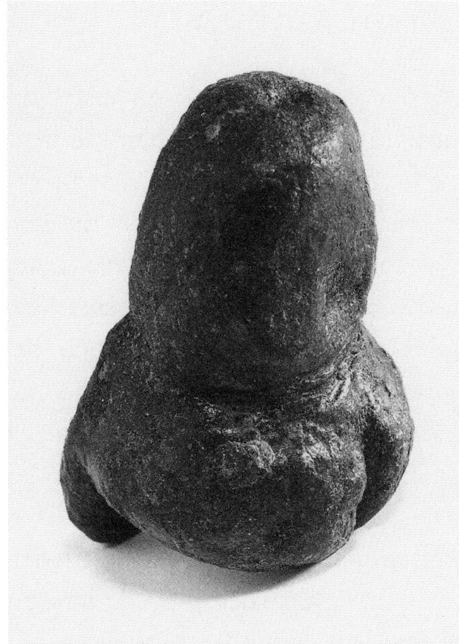

**15** Kalksteinidol, Mauern KAT 30

de kein anatomischer Realismus dargestellt. Tatsächlich hatte die künstlerische Ausführung die Aufgabe zu übertreiben. Arme, Beine und individuelle Gesichtsgestaltung waren ganz offensichtlich Merkmale zweiten Ranges, deren Bedeutung gegenüber den schweren Brüsten, dem ausgeprägten Gesäß und den dicken Oberschenkeln zurücktrat.
Von diesen auf bestimmte Wesensmerkmale beschränkten Frauendarstellungen ist es nur noch ein kleiner Schritt zur konsequenten Schematisierung, ohne Ausführung der Figur selbst, reduziert auf die weiblichen Geschlechtsmerkmale, wie wir sie mit den „Venusfiguren" des auf das Gravettien folgenden Magdalénien vorliegen haben.

Die deutliche Schematisierung und typenhafte Erstarrung der „Venusfiguren" des Gravettien tritt uns im gesamten Verbreitungsgebiet gegenüber. Eine Tatsache, die sich nur durch Kommunikationslinien über große Distanzen hinweg (Grigoriev 1993), innerhalb derer sich dieser standardisierte Abbildungstyp ausbreitete, erklären läßt. Somit können wir die „Venusstatuetten" des Gravettien als Indizien einer Tradition gestalteter Menschenfiguren deuten. Sie liefern uns Hinweise für bestimmte, möglicherweise identische Vorstellungen innerhalb eines großen geographischen Raumes.

Es gibt jedoch auch bei diesen typenhaften Frauenfiguren Ausnahmen im allgemein gültigen Erscheinungsbild. Das rot gefärbte „Kalksteinidol" aus den Weinberghöhlen bei Mauern (Lkr. Neuburg-Schrobenhausen)(Bosinski 1982; Zotz 1955) zeigt aus verschiedenen Blickwinkeln entweder eine stilisierte weibliche, auf das Gesäß reduzierte Gestalt oder das männliche Glied mit angedeutetem Skrotum. In diesem Fall sind somit in einem Objekt zwei gegensätzliche Motive vereinigt, deren Polarität den eiszeitlichen Künstler nicht daran hinderte, sie als Einheit darzustellen. 15 KAT 30

## Zoomorphe Figuren

Liegen uns mit den „Venusfiguren“ stark schematisierte Abbilder vor, so sind die Tierplastiken des osteuropäischen Gravettien durch einen hohen Grad an Realismus gekennzeichnet. Hierbei müssen wir uns jedoch vergegenwärtigen, daß die eiszeitlichen Kunstwerke immer eine Auswahl charakteristischer Merkmale des Dargestellten behandeln. Ein Vorbild wird nie absolut naturgetreu wiedergegeben. Im wesentlichen bemühten sich die Eiszeitkünstler um eine Auswahl des Typischen und Wichtigen unter Ausschaltung des Nebensächlichen.

Eine der bedeutendsten Fundregionen der plastischen Kleinkunst des Gravettien liegt in Osteuropa. Zu den dortigen größten Freilandfundstellen zählen die südmährischen Fundstellen des sogenannten Pavloviens (Klima 1991). Kennzeichnend für die Kunst der eiszeitlichen Mammutjäger-Gemeinschaften des Pavloviens ist ebenfalls die Verwendung von Elfenbein sowie von gebranntem Lehm, dem bisher ältesten Beleg für Keramik. Neben „Venusfiguren“ wurden hier auch Tierplastiken aus Lehm gefertigt, zum Teil vor dem Brennen durchstochen oder vor bzw. nach dem Brennen zerbrochen. Hierin dürfen wir Hinweise auf Vorgänge sehen, die nicht auf „Kunst als Kunst“‘, sondern auf eine Funktion heute unbekannten Inhaltes hindeuten (vgl. S. 30ff).

In Dolní Věstonice (Tschechien) wurden neben dem Hauptjagdwild, dem Mammut, überwiegend große Raubtiere wie Löwen und Bären sowie das Nashorn, aber auch das
16 KAT 31 Rentier nachgeformt (Klima 1991). In den Fundzusammenhängen um Krems (Niederösterreich) finden diese ge-
KAT 32A brannten Lehmfiguren in den Plastiken von Krems-Wacht-
KAT 32B berg ihre westlichsten Parallelen (Einwögerer 2000).

In der Eiszeitkunst des süddeutsch-schweizerischen Jura wurden bisher keine Plastiken gefunden, die mit Sicherheit dem Gravettien zugeordnet werden könnten. Ein einziges Objekt aus Elfenbein, ein Fragment einer Tierfigur
aus dem Hohle Fels bei Schelklingen (Alb-Donau-Kreis) Tafel 18,
kann auf Grund seiner stratigraphischen Position sowohl KAT 26
dem Gravettien als auch dem vorausgegangenen Aurignacien angehören. Es wurde an der Basis der untersten Gravettienschicht (GH3d), im Übergangsbereich zu einer liegenden Schicht (GH5) ohne sichere kulturelle Einordnung gefunden.

Naturwissenschaftliche Datierungen von Faunenresten aus der unmittelbaren Nähe des Köpfchens haben $^{14}$C-Daten von 29 560+240-230 BP und 30 010±220 BP geliefert (Conard u. Floss 2001). Eine aus dem Gravettien des Hohle Fels stammende gravierte Geweihhacke wurde mittels der $^{14}$C-Methode auf ein Alter von 28 920±440BP datiert und liegt somit im Schwankungsbereich des jüngeren der beiden oben genannten $^{14}$C-Daten. Das Gravettien des schwäbischen Jura wird auf Grund der Ergebnisse modernerer Grabungen in einen Zeitraum von 30 000 bis 27 500 BP datiert (s.S. 15ff). Somit bestätigen auch die naturwissenschaftlichen Daten beim derzeitigen Forschungsstand die

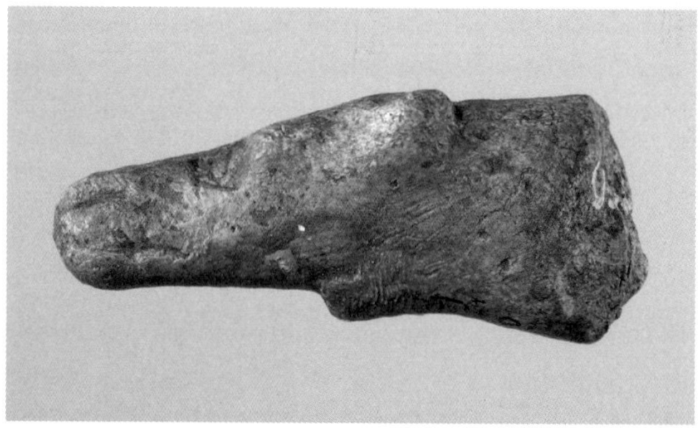

**16** Rentierkopf, Dolní Věstonice KAT 31

Menschenfigur,
Vogelherd
KAT 16

Silhouettenfigur,
Stratzing/Krems-Rehberg
KAT 19

Venus von Willendorf
KAT 24

Geweihskulptur,
Petersfels
KAT 53

chronologische Einordnung des Köpfchens in den Übergangsbereich Aurignacien/Gravettien.

Betrachtet man das benutzte Material, so findet sich das für die Köpfchen verwendete Mammutelfenbein ebenso bei den Figuren des Aurignacien der Schwäbischen Alb in der Geißenklösterle-Höhle, aber auch im jüngeren mährischen Gravettien, dem Pavlovien, so in Pavlov selbst (Klima 62/63) und auch in Předmost.

Die schwachen, sich netzartig kreuzenden Vertikal- und Horizontalritzungen auf dem Köpfchen aus dem Hohle Fels erinnern nur geringfügig an die diagonalen, tief eingegrabenen Kreuzornamente der Löwenplastiken und der Mammutfigur vom Vogelherd (s.S. 48ff). Unter den gebrannten Lehmfiguren des Pavloviens können wir stilistische Parallelen zum Tierköpfchen aus dem Hohle Fels entdecken, die in ihrer Wertigkeit einigen im vorausgegangen Beitrag behandelten Figuren des Aurignaciens aus dem Jura nicht nachstehen. Letztendlich bleibt die genaue chronologische Einordnung des Elfenbeinköpfchens, sowohl auf Grund seiner stratigraphischen Position in den Ablagerungen des Hohle Fels, als auch auf Grund seiner stilistischen Merkmale bei dem derzeitigen Stand der Forschung ungeklärt.

KAT 31

In Anbetracht dieser Überlegungen bleibt an dieser Stelle zu erwägen, ob nicht bei gleichen Motiven, der Verwendung von übereinstimmendem Rohmaterial und einer beabsichtigten „naturalistischen" Ausdrucksweise auch bei verschiedenen Künstlern mit meßbar ähnlichen Ergebnissen zu rechnen ist.
Gute Belege hierfür finden wir in der plastischen Kunst der heutigen Inuit (Eskimos), ihren arktischen Vorläufern (Leskov u. Müller-Beck 1993; MacGhee 1996; Nelson 1983) und plastischer Paläolithkunst aus Malta/Sibirien (Jelínek 1972) – selbst wenn wir hier keine Kontinuität eines „Kunststils" vorliegen haben können.

## Magdalénien

*Während das Gravettien für seine „Venus"- und Tierfiguren bekannt ist, haben Plastiken in der Magdalénienkunst einen geringeren Häufigkeitsanteil. Im Jura sind es zumeist relativ kleine, oft als Anhänger deutbare Stücke oder verzierte Werkzeuge.*

Als Rohmaterial wird Knochen, Geweih und Elfenbein genutzt. Da das Mammut in der Jagdbeute nur noch selten auftritt, dürfte auch fossiles Elfenbein aufgesammelt worden sein. Eine regionale Besonderheit des Juragebietes ist der „Gagat". Oft handelt es sich hierbei aber nicht um fossiles Holz, sondern um fossilisierten Faulschlamm oder sogar Knochenkohle (Preuschoft-Güttler 1995).

Charakteristisch sind Darstellungen von Frauen. Im Gegensatz zu den „Venusfiguren" des Gravettien werden sie im Magdalénien stark stilisiert wiedergegeben. Die Darstellung ist um Kopf und Füße verkürzt, das Gesäß häufig betont, und manchmal sind Brüste angedeutet. Wichtig scheint vor allem die Formgebung der Seitenansicht zu sein, wie flächige Darstellungen nahelegen. So lassen sich in den rheinischen Freilandfundstellen Gönnersdorf (Kreis Neuwied) und Andernach (Kreis Mayen-Koblenz) geschnitzte Frauenstatuetten mit zahlreichen gravierten Frau- KAT 37,38
ensilhouetten auf Schieferplatten vergleichen (Bosinski KAT 39A/B
1987, 1999).

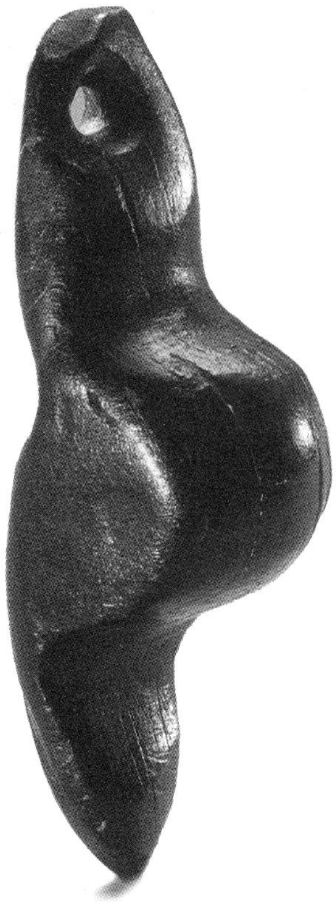

**17** Frauenstatuette, Petersfels KAT 40

**18** Frauenstatuette, Petersfels KAT 46

Vom Petersfels bei Engen im Hegau (Kreis Konstanz) liegt
17 KAT 40-44 eine größere Serie „Venusfiguren" aus Gagat, aber auch aus Geweih vor, die dem beschriebenen Darstellungsprinzip folgen (Albrecht et al. 1994; Nübling 1999; Simon 1996). Es sind sehr kleine Objekte, die häufig am oberen Ende durchlocht oder gebrochen sind. Ein Verwendungszweck als Anhänger oder Kleidungsbesatz ist wahrscheinlich. Durch Rohlinge und Halbprodukte ist die Herstellung vor Ort nachgewiesen. Wie im Rheinland finden sich Entsprechungen in der gravierten Kunst (Albrecht 1979; Albrecht et al. 1994). Verblüffend ähnliche Gagatfiguren wurden in der schweizerischen Fundstelle Neuchâtel-Monruz
KAT 45 (Kanton Neuchâtel) gefunden (Affolter et al. 1994). Ob wir es hier mit denselben Künstlern zu tun haben, muß offen bleiben. Fossile Schmuckschnecken aus dem oberen Donautal und dem Steinheimer Becken belegen jedenfalls Kontakte in den südwestdeutschen Raum.

Aus mehreren Fundstellen liegen Einzelfunde vor. Bei einer Nachuntersuchung wurde im alten Grabungsschutt des Hohlenstein-Stadels (Alb-Donau-Kreis) ein Elfenbeinobjekt gefunden, das nach seiner Formgebung den magdalénienzeitlichen Frauenfiguren zugeordnet wird (Wagner 1984). In seiner Bestimmung unsicher ist ein Gagatobjekt aus der Hollenberg-Höhle 3 (Kanton Basel-Landschaft) (Sedlmeier 1982). Es dürfte sich um das Halbfabrikat eines geometrischen Anhängers oder eben einer Statuette handeln. Bisher keine direkte Parallele hat eine Gagatstatuette vom Schweizersbild im Kanton Schaffhausen (Schmid 1975). Bei der stäbchenförmigen Figur sind Brüste und Beine durch tiefe Längskerben herausgearbeitet. In der Gestaltungstechnik ähnelt sie damit einer der Frauenstatuetten vom Petersfels, (18 KAT 46) bei der Hals, Oberkörper und Taille durch Einkerbungen markiert sind (Albrecht 1987).

Tierplastiken sind insgesamt selten. Unter den dargestellten Arten sind Insekten und Fossilienimitationen verbreitet. Allerdings ist bei den oft sehr kleinen Objekten eine sichere Ansprache schwierig.
Eine mehrfach gelochte Elfenbeinschnitzerei aus dem Hohle Fels bei Schelklingen (Alb-Donau-Kreis) ist nur einen Zentimeter groß (Hahn 1988). Funktional könnte es sich um eine Schließe handeln, die Formgebung sowie feine Strichreihen auf der Oberseite erinnern an einen Igel oder Käfer. Als Vergleichsfund ist eine kleine Gagatschnitzerei aus dem Kesslerloch (Kanton Schaffhausen) zu nennen (Bosinski 1982). Die mit Einstichreihen verzierte Oberfläche spricht für eine Igeldarstellung, der kleine Kopf paßt besser zu einem Insekt. „Igel oder Käfer“ ist auch die Frage (19 KAT 47) bei einer Gagatplastik aus dem Petersfels (Adam u. Kurz 1980; Albrecht 1987). Nach der quer angebrachten Durchlochung könnte es ein Anhänger sein. Zur Gruppe der Fossilienimitationen leitet die detailgerechte Gagatnachbildung einer Muschel über (Albrecht 1979, 1987).

Aus der Kleinen Scheuer im Rosenstein (Ostalbkreis) (20 KAT 48) stammt die Nachbildung einer Mittelmeerschnecke (Albrecht 1987). Die an einer Bohrung gebrochene Gagatschnitzerei wird allerdings auch als Rentier-Dasselfliege gedeutet (Adam u. Kurz 1980). Typisch für die nordschweizer Magdalénienstationen sind Imitationen fossiler Seeigel (Bosinski 1980). Aus dem Kesslerloch stammt die (21 KAT 49) Gagatnachbildung eines kompletten Gehäuses. Zu den Anhängern zählen auf Grund ihrer Durchbohrung acht Nachbildungen von Seeigelstacheln. Sieben aus derselben Fund- (KAT 50) stelle sind aus Gagat gefertigt, einmal wurde Elfenbein verwendet. Ein vergleichbarer Seeigelstachel aus Elfenbein (KAT 52) ist von der Rosenhalde im Freudenthal (Kanton Schaffhausen) bekannt.

Viele der oben beschriebenen Objekte lassen sich zwanglos als Anhänger oder Kleidungsbesatz deuten. Damit muß aber auch nach unserem heutigen Verständnis nicht immer eine profane Nutzung verbunden sein. Denken wir nur an traditionelle Trachtbestandteile, Orden oder Gegenstände aus dem religiösen Bereich. Auch reich verzierte Werkzeuge waren sicher nicht immer für den alltäglichen Gebrauch bestimmt.

**19** Gagatplastik, Petersfels KAT 47

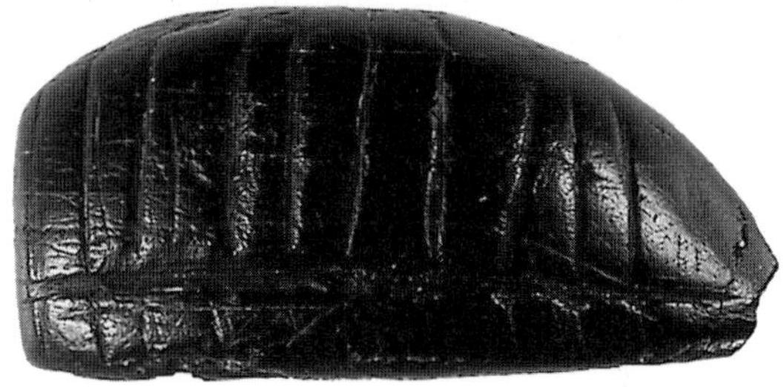

**20** Gagatplastik, Kleine Scheuer KAT 48

Oft ist uns die Funktion eines Gerätes unbekannt, wie bei
KAT 51 den skulptierten Stäbchen aus dem Kesslerloch und der
KAT 52 Höhle an der Rosenhalde im Freudenthal (Bosinski 1982). Gleiches gilt für ein nur grob zugeschnittenes Geweih-
*Tafel* 12, stück vom Petersfels. Die geschwungene Umrißlinie und
KAT 53 frontal angebrachte Gravierungen lassen eine Frauendarstellung erkennen (Albrecht 1987).

Aus der Völkerkunde gut bekannt ist dagegen die Funkti-
KAT 54 on der Speerschleuder, welche die Hebelwirkung des Wurfarmes vergrößert und so dem Speer zu größerer Reichweite und Durchschlagskraft verhilft. In urgeschichtlichen Fundstellen haben sich nur die wiederstandsfähigen Hakenenden aus Geweih erhalten. Im Juragebiet bildet das Kesslerloch bisher den einzigen, aber reichen Fundpunkt (Bosinski 1982). Fünf Speerschleuderenden sind mit einem einfachen, rudimentären Pferdekopfverziert. Bei diesem aus französischen Magdalénienstationen gut bekannten Verzierungstyp sitzt der Haken über der Stirn des Tieres. Weitere Stücke aus dem Kesslerloch zeigen neben
dem Pferd wohl auch andere Tiere und plastische Verzie- KAT 55
rungen. In seiner Artbestimmung sicher ist aber nur ein KAT 56
kleines Moschusochsenköpfchen. 22 KAT 57

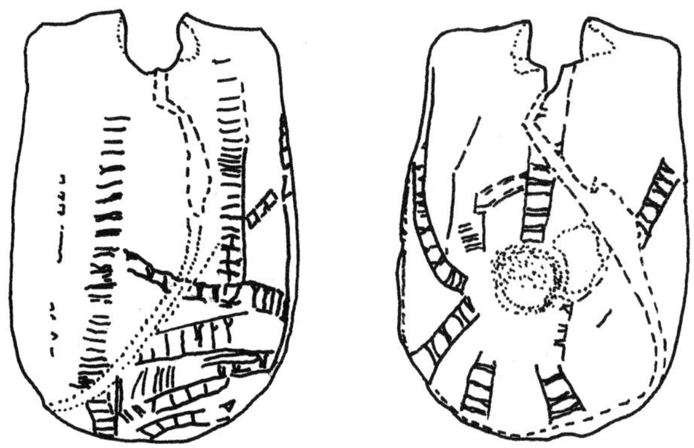

**21** Gagatplastik, Kesslerloch KAT 49

**22** Moschusochsenkopf, Kesslerloch KAT 57

# Gravierungen und gravierte Marken

## Aurignacien

*Figurale Gravierungen sind aus dem Süddeutsch-Schweizerischen Aurignacien bisher nicht bekannt. Die Aurignacienfiguren der Mittleren Alb zeigen aber auffallend viele gravierte Markierungen auf ihren Oberflächen, wie sie derart massiv später nicht mehr vorkommen.*

Als besonders charakteristisch für die Aurignacienkunst der Schwäbischen Alb dürfen die zahlreichen Markierungen gelten, die auf allen Plastiken angebracht worden sind. Dazu gehören neben Kerbungen der verschiedensten Art, etwa auf Extremitäten und zwischen Kopf und Nacken, regelrecht gesetzte und ziemlich gut in ihrer Gestalt voneinander getrennte Zeichen. Am häufigsten (320 = 41 Prozent aller Zeichen) sind einfache, gerätetechnisch bedingt nicht
*Tafel 8,* KAT 17 immer scharf gesetzte Punkte in sehr unterschiedlichen
*Tafel 9,* KAT 16 Kombinationen. Nach genereller historischer und heutiger Konvention können die Punkte als zugleich örtlich fixierende Zählmarken gelten. Relativ häufig sind auch die be-
**23** KAT 20 reits von Joachim Hahn in drei Kategorien geteilte Strich-
**24** KAT 21 marken: I (133 = 18 Prozent aller Zeichen); – (127 = 17 Prozent aller Zeichen) und / (84 = 12 Prozent aller von Hahn gezählten Zeichen). Bei dieser Grundgliederung fällt auf, daß diese offensichtlichen Marken sehr klar reflektierend und wohl tatsächlich „zählend" gesetzt wurden, so wie dies ebenfalls in allen Kulturen üblich ist. Es sind demnach einfache Zählmarken ohne Ortsfixierung, die mit ins-

**23** Detailaufnahme Rückenpartie Löwe/Rentier, Vogelherd KAT 20

**24** Detailaufnahme hintere Bauchpartie Löwe/Rentier, Vogelherd KAT 21

**25** Detailaufnahme hintere Rückenpartie Mammut-Vollplastik Vogelherd KAT 22

**26** Detailaufnahme Felide KAT 23

gesamt 344 Vorkommen (46 Prozent der 736 von Hahn berücksichtigten Zeichen) sogar noch häufiger als die Punkte auftreten. Wobei offen bleibt, ob die Richtung der Zeichen bedeutsam ist oder nur auf der Richtung der jeweils vorgenommenen Serierung beruht. Deutlich weniger häufig sind die X-Zeichen (25 KAT 22) (78 = 11 Prozent aller Zeichen) (26 KAT 23) sowie die –Zeichen (8 = 1 Prozent) und schließlich die V-Zeichen (5 = 0,7 Prozent).

Betrachten wir die Verteilung der Punkte, natürlich eingedenk der Tatsache der oft sehr unvollständigen Erhaltung der Figuren (Tafel 13, KAT 11), so ergibt sich vorerst, daß diese vor allem auf Feliden (Tafel 16, KAT 10) (speziell den sicher als solchen bestimmbaren) (Tafel 8, KAT 17) und Menschenformen auftreten, aber auch ebenfalls (Tafel 9, KAT 16) in einer Reihung von sieben auf dem Kreuz des adulten Mammuts (Tafel 1, KAT 5) aus dem tieferen Horizont des Vogelherdes. Die Querkerben finden sich bei Mammuts, Anthropomorphen, dem Bären aus dem Geißenklösterle und dem Bison aus dem Vogelherd. Die senkrecht und schräg angebrachten Strichmarkierungen können auf allen Plastikkategorien vorkommen. Der kleine Bison aus dem (Tafel 17, KAT 13) Geißenklösterle weist ausschließlich senkrechte Markierungen auf. Die Kreuzmarkierungen erscheinen dagegen nur auf einem Teil der Figurenkategorien. Sie kommen (Tafel 1, KAT 5) auf Mammuts und Feliden sowie auf dem Vogelherd-Wildpferd (Tafel 6, KAT 3) vor. Auf dem fast vollständigen Mammut aus Horizont V des Vogelherdes sind es Serien von drei bis neun Kreuzen, am Hinterkörper des großen unvollständigen (Tafel 18, KAT 7) Mammuts gibt es lediglich je ein einzelnes Kreuz, die auf den Sohlen der Hinterläufe und der in diesem Fall vollständigen Beine, die sonst oft nur partiell geschnitzt sind, sorgfältig eingeschnitten wurden. Auf dem Wildpferd sind es fast ausschließlich Kreuze auf Rücken (eine Serie von 13) und Kamm (eine Serie von 19, z.T. sehr winzigen). Auf dem unsicheren Fragment eines Feliden, den Gustav Riek (Tafel 6, KAT 9) noch als Renkörper interpretierte und der die intensivsten Markierungen aufweist, fehlt das Kreuz vollständig, das demnach zu einer dort nicht interessierenden Thematik gehören müßte. Auch beim Schneeleoparden tritt das (Tafel 16, KAT 10) Kreuzmuster nur einmal auf, wieder auf dem Kamm (wie beim Pferd in größerer Serie). Der große Felide aus

Löwe,
Vogelherd
KAT 11

Löwenkopf, Vogelherd
KAT 12

Löwen. Wandkunst,
Grotte Chauvet

„Schneeleopard“,
Vogelherd
KAT 10

Tafel 13, KAT 11 Horizont IV des Vogelherdes zeigt auf der Flanke fünf große, sich überschneidende Kreuze. Ganz allgemein darf man die Kreuze wohl als ortsbezogene Marken von anderem „Ereigniswert“ als die einfachen Punkte ansehen. Ob damit auch stets die Betonung eines final gedachten Vorganges, welcher Art auch immer, verbunden wird, bleibt offen. Spätere Applikationen legen dies zumindest partiell nahe. Auch wenn das X, wie noch heute bei uns, von relativ einheitlicher Grundbedeutung sein mag, so ist doch der jeweilige Kontext, auf dem Nacken eines Pferdes, an der Flanke eines Feliden, allein schon wegen der Größe, sicher auch inhaltlich unterschiedlich. Das gilt gewiß für die Kreuze auf den Sohlen des großen Mammutfragmentes. Einfacher scheint im ersten Moment die Deutung der wenigen V-Zeichen. Sie kommen lediglich auf der linken
Tafel 6, KAT 3 Seitenbrust des Pferdes, an der linken Halsseite des
Tafel 13, KAT 11 großen Feliden und am rechten Oberschenkel des Schnee-
Tafel 16, KAT 10 leoparden vor. In den ersten beiden Fällen könnten es Hinweise auf „finale“ Speerwurfziele oder -treffer sein, wie dies auch ein Schuß in das Auge eines Feliden aus dem Pavlovien von Dolní Věstonice in Südmähren belegt. Dagegen scheint die Markierung auf dem Oberschenkel des Schneeleoparden eher die Markierung eines nicht einmal sicher demobiliserenden Treffers zu sein. Wird dadurch vielleicht die zwar noch verharrende, aber in der Frontalansicht schon dramatisch einen Verteidigungssprung einleitende, auffallend geduckte Haltung des Tieres erklärt?

Ganz anders sind die Zeichen an den beiden anthropomorphen Figuren gesetzt. Bei dem großen, ebenfalls statisch verharrenden, den Betrachter frontal anblickenden Feliden aus dem Stadel sind es lediglich sechs auffallend breite Streifen am erhaltenen rechten Oberarm. Sollte da-
Tafel 5, KAT 18 mit eine tigerartige Zeichnung des Felles gemeint sein oder, völlig anders, eine streifenförmige Oberarmbemalung, wie sie vielleicht die Jäger direkt auf der Haut oder auf ihrer Kleidung getragen haben? Sicher ist jedenfalls, daß diese so beeindruckende Gestalt ebenso eindeutig wieder in einer Stellung festgehalten ist, die offen läßt, ob anschließend ein vernichtender Angriff oder ein verzichtender Rückzug folgt – wobei aber in der gewählten Haltung weiterhin und für immer die Wahl für beide Folgen bleibt, so wie wir heute noch besorgt und bewegt die Möglichkeiten des göttlichen Zornes oder der göttlichen Gnade als Reaktion auf unsere Handlungen erleben. Vorausgesetzt, wir glauben an deren Existenz – die hier jedenfalls beim Künstler, um ihn als bewußten Akteur endlich auch einmal zu nennen, vorauszusetzen wäre. Ebenfalls bei dem Grüßenden (oder „Adoranten“, der zugleich „Logo“ unserer Ausstellung ist) aus dem Geißenklösterle sind derartige Quer- Tafel 8, KAT 17
streifen an den Armen, soweit die Originaloberfläche noch vorhanden ist, zum Teil erhalten. Daneben ist jedoch das ganze Plättchen von Punktreihen überzogen, die in einem eigenen Beitrag ausführlicher diskutiert werden (s.S. 63ff). Auch hier ist die Fixierung in einer nach der Zukunft hin offenen Haltung sehr evident, und dies mit der offensichtlich grüßenden Geste, die uns über die Jahrtausende hinweg ganz direkt noch immer erreicht, wenn wir sie als solche aufnehmen wollen. Ein äußerst eindrückliches Beispiel für die Tatsache, daß ein Bild erst durch die Reaktion des Betrachters auf die Darstellung des Künstlers Inhalt gewinnt und zur Botschaft und damit „verständlich“ wird. Im gleichen Moment wird der Künstler durch sein Werk über die Zeiten hinweg unbestreitbar zu unserem direkten medialen Partner.

Aufallend waren auch schon für Hahn die Häufigkeiten der durch die Zeichenfolgen entstehenden Zahlen, deren Deutung er nach einer statistischen Analyse allerdings verwarf. Vielleicht kommt man zum Ziel, wenn die Proportionierung des keineswegs kleinen Ausgangsmaterials wie folgt vereinfacht wird: 2, 5 und 6 kommen annähernd gleich häufig vor, 3 und 4 aber doppelt so oft. Die 7, 8 und 9 treten deutlich zurück und erscheinen nur noch mit einem Viertel der Häufigkeiten der besonders oft auftretenden 3 und 4. Die Häufigkeiten von 10, 12, 14, 15, 19 und 20 sinken auf ein Hintergrundgeräusch von je einem Ereignis ab. 11, 16, 17, 18 fehlen folgerichtig als „Nichtereignisse", wie sich das beim Schwanken um 1 nach den Regeln der Wahrscheinlichkeitstheorien gehört (ein Zählfehler in der Skalierung auf S.164 bei Hahn bleibt dabei ohne Belang, Abb.2). Umso auffallender ist das deutlich höhere Vorkommen der Zahl 13, dazu weiter unten gesondert (s.S.63ff).

Zu erwähnen bleiben die zahlreichen strichförmigen Gravierungen auf einem sonst kaum bearbeiteten kleinen Sandsteingeröll, das schon als Naturspiel tatsächlich an ein Mammut erinnert und deshalb Beachtung gefunden haben könnte, wie Riek bereits postuliert, aber Hahn als zu unsicher abgelehnt hat. Wir berühren damit das schwierige Feld der Einbeziehung von Naturspielen in die Eiszeitkunst, die schon Boucher de Perthes 1847 an Geröllen als Figurensteine zusammen mit den Faustkeilen von Abbeville als Geräte erkennen wollte. Solche Gebilde werden etwa in den natürlich ausgeformten Blöcken als Träger offensichtlich hineingesehener Mammutmalereien in der Höhle von Pêche-Merle oder in den Felsbuckeln an der Decke von Altamira (von der sich eine sehr gute Nachbildung im Deutschen Museum in München befindet) als Vorgaben für die dort gemalten Bisonkühe eindeutig faßbar.

Im übrigen sei auf die häufigen jüngeren Gravierungen in der Eiszeitkunst des süddeutsch-schweizerischen Juras verwiesen. Sie kommen in den verschiedensten Varianten von einfachen Strichzeichnungen bis zu komplexen Markierungsfolgen in der gesamten eurasiatischen Eiszeitkunst und auch in anderen Räumen und Zeiten in allen

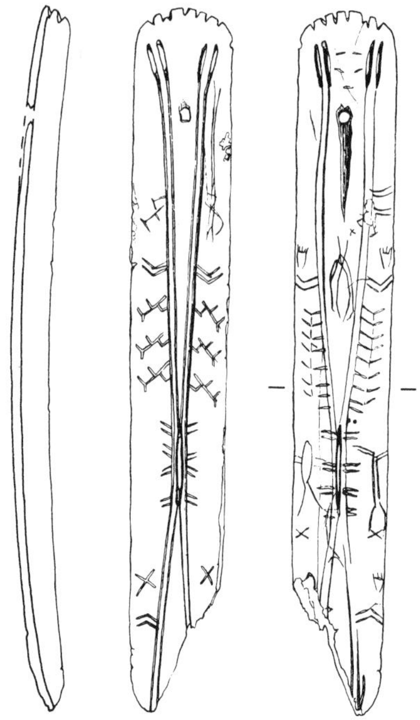

27 Verzierter Knochenschaber, Umingmak KAT 99

Sammel- und Jagdkulturen vor. Nur ein Beispiel dazu sei hier erwähnt: Die bisher älteste Gravierung aus der Kanadischen Arktis, die bei einer Tübinger Ausgrabung 1973 im Inneren von Banks Island in der Moschusochsenjäger-Station Umingmak als Produkt einer paläoeskimoischen Kultur geborgen wurde, datiert auf etwa 3 600 bis 3 200 BP (als bei uns schon die Bronzezeit zu Ende ging). Es ist ein dekorierter gezahnter Geweihkratzer. Auf seiner 27 KAT 99
Außenseite lassen sich Bezahnung an der Oberkante, Rippen, Augen, Nüstern, Schädelbasis, Läufe und, besonders eindeutig, Tatzen eines Bären lesen, zu dem auch noch eine zentrale Körperöffnung und das Adernsystem der Lebenslinien gehören. Einige weitere Gravierungen sind sekundär. In der „geheimeren" Innenseite des Kratzers bleibt die Grundstruktur der außen und innen verbindenden Lochungen, doch die Tatzen fehlen. An den Hinterläufen stehen statt dessen die „finalisierenden" Kreuze: der zum

Inuk (= Geist, aber auch Mensch und sowohl Frau wie Mann in der Sprache der kanadischen Inuit = Plural von Inuk, die wir meist einfach Eskimos nennen) gewordene Bär hinterläßt keinerlei sichtbaren Spuren mehr! Verbindet dieses Doppelkreuz die paläoeskimoische Bilderschrift mit den beiden Kreuzen auf den Sohlen des großen „Geist"-Mammuts aus dem Vogelherd über Jahrzehntausende hinweg? Es würde damit das gleiche jägerische Grundbewußtsein dokumentieren, das die Tradition von Denken und Ausdruck und damit der Kultur trotz aller Unterschiede mitbestimmt. Die Rippen dieses Bären werden zu Rentieren, die mit ihren bei der alljährlichen Neubildung von zunächst blutgefüllten Geweihen an dem Adernsystem der Lebenslinien „andocken". Es gibt tatsächlich die alte Sage in der amerikanischen Arktis, daß der Bär aus seinen Rippen für die Jagd der Menschen die ersten Rentiere schuf. Das Ren „Tuk", das als wichtigster Lebensspender der Eskimokulturen für Kleidung und Nahrung dort am Himmel steht, wo wir, sicher auch schon in alter steinzeitlicher Jägertradition, den Großen Bären sehen. Ebenfalls an der Innenseite des Kratzers sind einige Nachgravierungen, die offensichtlich so die Nacherzählung der Originalgeschichte noch bestätigen wollen.

Eine Welt voller letztendlich nie vollständig zu klärender Geheimnisse, die dennoch erkennen läßt, daß tatsächlich schon vor langer, langer Zeit sich Menschen in unserer Landschaft voller Gedanken bewegt und sie genutzt haben. Aber was sind wirklich Jahrzehntausende? 1 000 Generationen von je 30 Jahren werden zu nur noch 500 je 60jähriger Individuen, bloß ein kleines Dorf, wenn sie gleichzeitig lebten. Von ihnen führt jedenfalls die Brücke nicht nur zu uns, die heute in der gleichen Region daheim sind, sondern weit in Zeit und Raum darüber hinaus. Vor allem dorthin, wo eiszeitliche Traditionen im Norden Eurasiens und Amerikas kulturell noch unmittelbarer und stärker wirksam blieben. Räume, in denen die im Neolithikum beginnende Landwirtschaft vor allem aus klimatischen Gründen erst spät oder nie Fuß fassen konnte.

## Zeitgeist, einst und jetzt – ein Exkurs

Menschliches Bewußtsein hat seine Wurzeln stets in den Wahrnehmungen des darüber reflektierenden Individuums. Die sich daraus für das Ich ergebenden Bezüge sind keineswegs unbegrenzt, sondern bleiben räumlich und zeitlich gebunden. Wie weit dabei Raum und Zeit jeweils gefaßt sein können, wird durch die gemachten Erfahrungen bestimmt. Erst durch Mitteilungen vom Ich über das Du an das Wir mit Hilfe von Zeichen und Worten kann sich ein gemeinsames, nur als Netzwerk entwickelbares Gruppenbewußtsein bilden. Es ist Grundlage jeder gemeinsamen kulturellen Aktivität und drückt sich sowohl geistig wie technisch verständlich aus. Über die Zeiten etwickeln sich somit zwar durchaus unterscheidbare Kulturen, die aber, wie alles dem Zufall ausgesetzte Leben, nie in sich gegen außen völlig abgekapselte Strukturen bilden können. Denn nur so behalten sie für die Zukunft die Chance, erfolgreich auf gewandelte Einflüsse reagieren zu können.

Gruppenzugehörigkeiten werden auch in allen schriftlosen Kulturen durch Verhaltenssignale wie Körpersprache, Dialekte, Trachtenmerkmale – sei es Kleidung, Schmuck oder Körperbemalung – zum Ausdruck gebracht. Es können aber auch differenziert geformte oder verzierte Geräte und speziell Waffen sowie später kodifizierte heraldische Wappen, Flaggen und Standarten oder Firmenembleme sein.

In allen derartigen Identifikationszeichen, die Stilwandel unterworfen sind, manifestieren sich Teile der über Wahrnehmen und Denken gesteuerten, bewußt ausgeführten und dann erlebten Gemeinsamkeiten. Ihre Änderungen entlang der Zeitachse sind unübersehbar. Das bedeutet natürlich auch, daß das Netzwerk der Kommunikation sich zwar auf Zeit etabliert, aber sich auch immer wieder mit den unterschiedlichsten Schwerpunkten verändert. Für diesen Vorgang hat man den sehr sprechenden, heute aber schon fast vergessenen Begriff „Zeitgeist" geprägt, wie er auch stets die Forschung mitbestimmt, was Ernst Wahle (1950/51) überzeugend auch für das Feld der Ur- und Frühgeschichte und die sich dort wandelnden theoretischen Bezüge nachgewiesen hat. Der „allgemeine" Zeitgeist ist als Vorgabe langlebiger als die kurzen „Moden", so wie etwa lokale Wetter über längere Zeit hinweg und in größeren Regionen zum Klima werden, oder lokale Ereignisse zur umfassenderen regionalen Geschichte.

Wir dürfen nach der Beschäftigung mit der Eiszeitkunst gewiß annehmen, daß auch jene wenigen, aber dennoch so ausdrucksstarken Kunstwerke sicher den einstigen Zeitgeist spiegeln. Schon unsere Defintionen von Aurignacien, Gravettien oder Magdalénien setzen ja zumindest die Annahme wechselnder zeitlicher technischer Kommunikationsphasen und damit Kulturebenen voraus, die sich allgemein in der Art der Steingeräteherstellung und den jeweils gefertigten Waffenköpfe manifestieren, aber auch in den unterschiedlichen Stilmerkmalen der Schnitzereien, Gravierungen oder Bemalungen.
Dahinter steht gewiß wieder der durch die vorauszusetzende beobachtbare Kommunikation geformte zugehörige allgemeine Zeitgeist als Vermittler. Nicht deutlich wird freilich meistens, wie lange dieser selbst in seiner ganzen Breite jeweils unverändert bestanden hat. Dies ist auch in anderen historischen Zusammenhängen stets eine in Zeitgrenzen nur schwer genau zu treffende Definition. Denn real sind die Übergänge meist fließend. Aber dennoch bleibt die begrifflich ausreichende Differenzierung in ihren Hauptzügen möglich und letztendlich für das Verständnis praktisch sinnvoll.

Jedenfalls ist mit einiger Gewißheit anzunehmen, daß komplexes, bewußtes, kommunizierendes Denken sich schon im Zuge der im Jura nachweisbaren Aurignacienkunst entwickelt haben muß. Es ist weit unwahrscheinlicher, daß nur ein Individuum für sich allein den Löwenmenschen geschaffen hat, als daß es dies als Botschaft und damit als Mitteilung für andere tat. Sehr wahrscheinlich ist es sogar ein Beleg für bereits vorgegebene gemeinsame, gern bisweilen als „gesellschaftlich" definierte Tradierung des Bewußtseins, die sich als Zeitgeist erfassen läßt.

Denn derartige Tradierungen spiegeln sich offenbar in der stilistischen Ähnlichkeit der Serien der gefundenen Tierfiguren aus dem Jungpaläolithikum, die uns bisher vorliegen. Aber es sind nicht nur die Figuren allein, sondern die bereits im Aurignacien darauf in verblüffend großer Zahl angebrachten markierenden einfachen Zeichen, die erstmals Hahn mit äußerster Akribie beschrieben hat. Sie bilden ganz offensichtlich nicht nur ornamentale und sporadische Muster, sondern auch durch ihre Arbeitsspuren klar erkennbare zügig geplante Sequenzen. Bei den Zeichen an den Stücken aus dem Vogelherd und dem Geißenklösterle sind 41 Prozent einfache oder etwas angeschnittene Punkte, 18 Prozent klar begrenzte senkrechte Kerben, 17 Prozent Querkerben, 12 Prozent Schrägkerben und 11 Prozent Kreuzschnitte, sowie nur 1 Prozent halbmondförmige Kerben und 0,7 Prozent klare Winkel. Eine keineswegs zufällige Verteilung in den insgesamt von Hahn ausgeschiedenen 736 Marken, die nur planmäßig „geschrieben" worden sein können. Ganz offensichtlich sind die einfachsten Formen – „festlegender" oder „bestimmender" Punkt, unterschiedlich gerichtete und so differenzierend „zählende" Striche – am häufigsten benutzt worden. Auch das „markierende“ und zugleich vielleicht als „auslöschendes“ Endsymbol gedachte Kreuz ist bereits eher geläufig. Winkel und Kurvenkerbe sind noch weit seltener. Also eine durchaus für die bisher ersten faßbaren Anfänge markierender Signaturen einleuchtende „statistische“ Verteilung von vielem Einfachen und weniger Komplexem.

In einem Fall ist auch Hahn (1986) die wohl kaum zufällig gesetzte Abfolge der „zählenden“ Strichzeichen schon aufgefallen. Sie wurden auf den Kanten und der Rückseite des nur 38 mm langen, 14,1 mm breiten und 4,5 mm dicken Elfenbeinplättchens angebracht, das aus dem Aurignacien des Geißenklösterle geborgen wurde und auf der Vorderfläche das Relief einer anthropomorphen Figur mit Schultern und erhobenen Händen zeigt (s.a.S.61). Die Oberfläche ist leider abgeplatzt, so daß die Figur in Details schwer zu interpretieren ist und nur noch als Silhouette wirken kann. Prinzipiell steht sie in konzeptioneller Gemeinsamkeit mit der erst 1986 in Stratzing/Niederösterreich unweit von Wien gefundenen scherenschnittartigen Steinfigur, die man als freigestelltes Relief ansehen könnte und die von der Ausgräberin als „tanzende Venus“ gedeutet wurde.

*Tafel 8*, KAT 17

*Tafel 10*, KAT 19

An den beiden Längskanten, die, wie bei einer Münze die Rändelung, die beiden Flächen des Reliefplättchens zusammenfassen, sind je 13 kurze Kerben angebracht, an der oberen etwas breiteren Kante weitere sieben sowie an der unteren schmäleren nochmals sechs, was wieder 13 ergibt. Noch auffallender ist: Je 13 Punktkerben bilden die beiden äußeren Zeichenreihen auf der Rückseite, von denen freilich nur die linke sauber verteilt wurde, während die rechte zwar die Zahl 13 erreicht, in sich aber kürzer wurde als die linke. In der Mitte wurde noch weniger sorgfältig gearbeitet. Die rechte innere Reihe sitzt zwar einigermaßen flächendeckend mit zwölf klaren und einer nur unklaren nachgefüllt wirkenden dreizehnten, eingeschobenen Markierung. Die linke innere Reihe wirkt dagegen insgesamt flüchtig, deckt zwar in offeneren Abständen die gesamte Höhe der Dekorfläche, hat aber nur zehn sichere Marken, was ebenfalls schon Hahn betonte, der sich jeder weiteren Deutung dieser offensichtlichen Regelhaftigkeiten enthielt. Es ist aber nicht auszuschließen, daß gerade diese Reihe noch eine Sonderbedeutung besitzt. Es wären die ziemlich genau 10 Mondmonate von je 28 Tagen, die dem Eisprungzyklus der Frauen entsprechen (Rücklin 1995), in denen sich Embryo und Fötus entwickeln und die Menstruation der Mutter, der das demnach schon vor 30 000 bis 40 000 Jahren bewußt gewesen wäre, aussetzt. Diese ersten Formierungen eines neuen Wesens in der unendlichen Kette des Lebens sind erst im letzten Jahrzehnt von allen simplifizierenden Fehldeutungen befreit worden (Gudo u. Ammar 2001).

*Tafel 8*, KAT 17

Da steht also der Urgeschichtler: Darf er sitzend, wie der gute Pinguin am Sonntagmorgen (s.S. 45), eine Erklärung auf diese vielleicht nur „dumme Frage“ versuchen, die doch beantwortbar sein könnte? Er darf, ja er soll es sogar tun, auch wenn zunächst unterstrichen werden muß, daß es sich um eine Hypothese handelt, die aber so reizvoll ist, daß sie auch hier entwickelt und niedergeschrieben werden soll. Es könnte demnach eine „schriftlich“ dargestellte und daher lesbare „ausgezählte“ Wahrnehmung sein. Hypothesen müssen gestellt werden, um Fragen gut begründet beantworten zu können. Zumal diese – falls sie sich hoffentlich durch einen neuen ähnlichen Fund (als einzig mögliches bestätigendes Experiment der Archäologie) in näherer oder fernerer Zukunft wirklich endgültig verifizieren läßt – eine Dimension öffnen, die bedeuten würde, daß die Aurignacienleute als erste nachvollziehbar Raum und Zeit eindeutig in Verbindung bringen konnten: ein geradezu ungeheurer Schritt in der Entwicklung des menschlichen Denkens und seiner sich entfaltenden Geschichte!

Die Zahl 13 ist nicht nur eine zufällig ausgewählte Symbolzahl des Unglücks oder des Glücks, sondern eine der empirisch ermittelten astronomischen Grundzahlen. Sie gehört zu jenen grundlegenden Zahlen, die als erste darstellbare Bezugsproportionen entstehen, wenn die Korrelation der einfachsten Beobachtung zyklischer Vorgänge am Himmel erfolgt und sich damit erstmals zugleich der Begriff der Zeit faßbar manifestiert. Denn wenn der größte Himmelskörper, die Sonne des Tages, nach rund 365 Tagen und Nächten denselben Punkt am Horizont über der Alb vor dem Geißenklösterle erreicht, hat der Mond als zweitgrößter Himmelskörper 13 mal 4 seiner gut beobachtbaren Phasen von Vollmond zu Vollmond annähernd vollendet. Diese 4 Mondwochen der 13 Mondmonate, in die wir noch heute unsere Sonnenjahre – die in Wirklichkeit eigentlich Erdjahre sind – gliedern, werden durch die Umlaufdauer der Erde um die Sonne bestimmt. Diese wiederum kann durch die Zahl der Tage ermittelt werden, die sich stetig wiederholen: jedesmal, wenn die Sonne wieder ihren östlichsten Aufgangspunkt am Horizont im Sommer und zugleich ihren höchsten mittäglichen Stand am längsten Tag erreicht. Auch heute noch, wenn wir einfache Zeittabellen aufstellen, um dort Ereignisse säuberlich „chronologisch" festzuhalten, verteilen wir auf 4 Blättern je 13 Wochenzeilen zu je 7 Tagen für jedes volle Jahr.
Was also ist wahrscheinlich geschehen? Die eiszeitlichen Frauen und ihre Jäger als gewiß gute Beobachterinnen und Beobachter waren sicher von dem so klaren riesenweiten und sternenreichen Winterhimmel über Steppe und Tundra fasziniert, wie man ihn heute nur noch in zivilisationsfernen arktischen Regionen der Erde, beispielsweise in Chukotka an der Beringstraße oder im Hochgebirge, sehen kann. Ganz gewiß ist ihnen aufgefallen, daß die Tage im warmen Sommer länger dauerten und daß dabei die Sonne am Himmel nicht nur einen höheren Punkt erreichte, sondern auch eine längere Strecke am Horizont von Aufgang bis Untergang zurücklegte. Im kältesten Winter war ihre Wegstrecke weit kürzer und zudem markant niedriger. Winter und Sommer waren damit durch den Gang der Sonne in Raum und Zeit markiert. Wer viele Winter überlebt hatte, war alt geworden. Dazu kam im schon von den späteren Vorneandertalern besammelten und bejagten Norden das besonders dramatische Erlebnis der Jahreszeiten, die in den äquatornahen Tropen weit weniger wirksam und daher auch nicht so leicht erkennbar sind, zumal dort der freie Horizont der offenen Landschaften zur leichten Beobachtung der Sonne fehlt. Pflanzen und zahlreiche Tiere verfallen in Winterruhe, einen scheinbaren Tod auf Zeit. Ganz anders als die Sonne, die trotz jedem täglichen Verschwinden jeden neuen Morgen wieder aufsteigt, wenn sie nicht dichte Wolken und Nebel, welche die Menschen, Tiere und Pflanzen müde machen, verbergen. Aber es kommt immer wieder der Frühling, alle Pflanzen und Tiere erwachen wieder zu Leben, treiben Blätter, lassen Früchte reifen oder legen Eier, werfen ihre Jungen und ziehen sie über einen Sommer hinweg vor dem neuen Winter auf. Wenn auch mit Ausnahmen wie etwa die Bären, die über meist zwei Sommer ihre Jungen behalten, oder die Riesen der Eiszeit, die gewaltigen Mammuts, die auch länger brauchen, um unabhängig von ihrer Mutter existieren zu können. Jedoch nicht so viele Jahre wie die Kinder der Menschen.

Eigenständig herrscht ferner neben dem großen Taglicht der Sonne und den vielen nächtlichen Sternen das große Nachtlicht, der Mond, der sich ganz merkwürdig immer wieder verjüngt: Er ist einmal voll und rund, dann wird er immer dünner und schwächer und verschwindet schließlich ganz, bis er nach einigen Nächten mit schmaler Sichel hoffnungsfroh wieder am klaren eiszeitlichen Himmel allmählich zum Vorschein kommt. Immer wieder und immer wieder. Und noch etwas fiel dabei stets auf: Auch der Mond verhält sich mit seinen Perioden im Prinzip irgendwie regelhaft. Aber diese Regelhaftigkeit ist ganz anders als bei der direkt am Horizont über Tag zu beobachtenden, in ihrer Größe täglich ebenfalls veränderten Sonne, die bei Auf- und Untergang groß, aber kühler, und im Höhepunkt klein, aber gleißend warm ist. Der Mond hat nicht die Kraft der wärmenden Strahlen, und er braucht nur 28 Tage, um in vier trennbaren Phasen von neuem über Wachsendem, Vollem und Schwindendem Mond wieder die gleiche Form zu finden.

In allen Kulturen wird das Verhältnis von der großen warmen, ja auch regional zu heißen Sonne und dem kalten, aber in südlicheren Breiten erfrischend kühlen Mond in unzähligen Mythen erläutert. Sie sind immer verschiedenen Geschlechtes, gelten oft als Bruder und Schwester. Irgendwann in früheren Zeiten war dann die menschliche Neugier so groß und das Denkvermögen differenziert genug, um dieses Verhältnis auch zählend in Einheiten zu fassen und so als beobachtete Erzählung vortragbar zu machen. Es führt kein Weg daran vorbei: Irgendwann muß irgendwer oder auch ein Grüppchen von Menschen mit viel Geduld gezählt haben. Die Spanne des Jahres war leichter zu erkennen, egal ob man die Tage schon zählte oder nicht; es war einfach jene Zeitspanne, die vergangen war, bis die Sonne nach einem Herbst, einem Winter und einem Frühling wieder im warmen Sommer über genau denselben markanten Punkt am Horizont aufging, an dem sie im Jahr zuvor aufgegangen war. Und das wiederholte sich nun Sommer um Sommer, Jahr um Jahr.

Was aber war mit den Phasen des Nachtbruders Mond? Auch sie wiederholen sich immer wieder im gleichen Rhythmus, die wir in unserer Sprache Woche nennen und die immer wieder weltweit sieben Tage umfaßt. Der nächste große Schritt zum Verständnis unserer Zeit war die Verbindung zwischen jenen aus je sieben Tagen und Nächten gebildeten Mondwochen mit dem so offensichtlichen Sonnenjahr. Es waren eindeutig nach mehrfachem Auszählen der Ereignisse, die als solche auf einer Strichliste festzuhalten waren: 13 Mondphasen-Sequenzen mal 7 Tage, also die Monate des Mondkalenders. Unerhörtes war geschehen: Die Menschen waren zur Erkenntnis der himmlischen Zeit gekommen und hatten damit zugleich die Unerbittlichkeit des Lebens in Vergangenheit, Gegenwart und Zukunft erkannt. Sie waren zudem im Prinzip auch Herren und Sklaven der Zeit geworden, da sie erstmals über das Jetzt hinaus immer wiederholende Ereignisse zählend erfassen konnten. Aber war das flüchtige Illusion oder war vielmehr alles zu tun, daß es auch sicher so bliebe, wie viele spätere Rituale zeigen, die in der Folge mit der Zeit in Verbindung gebracht wurden? Dazu können auch die nicht so seltenen Mondfinsternisse beigetragen haben, die offenbar auf die zusätzliche Wandlungsfähigkeit des Mondes hinwiesen. Möglicherweise ließen auch die selteneren, aber sogar für uns heute noch so dramatisch wirkenden Sonnenfinsternisse am vollen Tag die Ahnung vom Weltende keimen.

Die Größe 13 ergibt als Markierung nur dann einen Sinn, wenn sie durch die Korrelation von Sonnen- und Monderejgnissen, den einfachsten machbaren astronomischen Beobachtungen, tatsächlich regelrecht „entdeckt“ worden war. Dies trifft um so eher zu, wenn sie außerdem mit der Zahl vier (als Mondphasen-Sequenz) in Verbindung gebracht wird. Es ist kaum wahrscheinlich, daß diese Kombination anders begründet werden kann oder gänzlich willkürlich gewählt worden ist. Sie ergibt zugleich die Grundbegriffe der Gliederung jeder auch heute noch weltweit geltenden menschlichen Zeitvorstellung, die von nun an auch rituell und symbolisch festgeschrieben werden kann. Genau diese Festschreibung ist offensichtlich bereits auf dem Adorantenplättchen geschehen. Ob es sich dabei um ein originales Zählbrett zur Registrierung der Einzelbeobachtungen handelt oder schon um eine komplexere rituelle Umsetzung, bleibt offen. Es sind nicht wirklich nur vier Reihen von genau 13 Punkten. Gerade auf der Hauptfläche klappt dies nicht. Dazu kommen aber noch zusätzlich die je ausgerechnet 13 Punkte auf den Bild und Symbolik verbindenden Seitenkanten sowie noch beeindruckender die durch 6 und 7 markierte 13 auf der unteren und der oberen Kante des Plättchens: gewiß mehr als nur schlichter Zufall.

Ob die Unvollständigkeit der vierten Hauptspalte absichtlich angelegt wurde, bleibt ebenfalls offen. Eventuell verbirgt sich dahinter das Problem der exakten Gleichsetzung der sich gegenüber dem irdischen Sonnenjahr ständig verschiebenden Mondphasen, die nicht genau einpaßbar sind. Das hat dann (später) zur Definition der zwölf, in ihrer Länge gegenüber den 13 konstanten lunaren Monaten notgedrungen unterschiedlichen solaren Monate bis hin zu den Zuschaltjahren mit recht komplexer Regelung geführt.

Aber vielleicht sollte aus Respekt vor der Wirkung symbolischer Fixierungen die Darstellung ganz allgemein offen oder auch nur für „Eingeweihte" voll verstehbar sein, damit so eventuelle bedrohliche Folgen vermieden werden. Es war ja nicht sicher, wie lange das erkannte, offensichtlich nicht vollständig regelhafte geheimnisvolle System wirklich bestehen würde. Zumal die verwirrenden Sonnenfinsternisse nur relativ selten zu beobachten waren, aber sicher darüber aus fernerer Vergangenheit oder auch aus anderen Gegenden berichtet wurde. Auch wir wissen noch immer nicht, ob die Zeit selbst wirklich unendlich oder doch eben auch nur endlich ist, wie wir und alles um uns.

Wie auch immer: Es spricht vieles mit einiger Sicherheit dafür, daß schon die Menschen des Aurignacien im 4. Jahrzehntausend BP durch Beobachtungen von Sonne und Mond die noch heute geltenden Zusammenhänge von Jahr, Monat und Woche erkannt und festgehalten haben. Die Markierungen auf dem kleinen Adorantenplättchen aus dem Geißenklösterle können kaum anders gedeutet werden. Sie sind deshalb mehr als nur eine verschwommene Botschaft aus der Urzeit, sondern sie stellen den Beleg für eine Vorstellungskraft dar, die bezeugt, daß schon damals der Begriff der Zeit nicht nur entdeckt, sondern sogar schon fixiert worden ist. Diese Kalibrierung hat sich bis heute als Prinzip gehalten, weit mehr als man bisher annehmen konnte. Um es noch einmal deutlich zu machen: Es handelt sich bei der „Lesung" dieses Fundstückes zunächst um eine archäologische Hypothese, die hier hoffentlich verständlich und ausführlich genug dargestellt worden ist. Der Schreibende sieht bisher keine gleichgewichtige Gegenhypothese, aber dennoch bleibt die endgültige Bestätigung durch weitere Funde und Befunde zu postulieren, um diese Interpretation als grundlegende astronomische Zeitskalierung endgültig für so frühe Zeit zu sichern. Der Vorschlag hat aber den Reiz, daß er in sich eindeutig schlüssiger ist als so manche andere in astronomische Zusammenhänge zielende Interpretation der Symbolik der Eiszeitkunst, wie ihn schon vor einem Vierteljahrhundert Alexander Marshack (1976) an komplexeren Notationen nachzuweisen suchte.

Wenn damit also der Zeitgeist wirklich zum ersten Mal in seinen verblüffend frühen Anfängen konkret faßbar zu werden scheint, so ist wohl auch anzunehmen, daß die Rolle von Sonne und Mond als Kalendermarken kaum allein nur im Achtal schon bekannt gewesen ist, sondern weit darüber hinaus, zumindest in den eiszeitlichen nördlichen Steppen mit ihrem weiten, offenen Himmel.

*Während wir aus dem Gravettien Osteuropas über einen reichen Schatz von Gravierungen auf Gebrauchsgegenständen und schmückenden Elementen aus Knochen und Geweih, aber vor allem aus Elfenbein verfügen, ist diese Fundgattung der Kleinkunst im süddeutsch-schweizerischen Jura selten vertreten.*

## Gravierte Kleinkunst

Aus dem Hohle Fels bei Schelklingen (Alb-Donau-Kreis) ist
28 KAT 34 ein gravettienzeitliches Geweihgerät überliefert, dessen eine Seite deutliche Ritzlinien aufweist (Scheer 1994). Das Gerät wurde aus der linken Stange eines Rengeweihes gefertigt, die Hauptstange hierzu oberhalb der Eissprosse abgehackt und die Spitze der Eissprosse entfernt. Unterhalb der Eissprosse ist der Hauptstrang gekappt und mit der Augsprosse abgetrennt worden. Die so entstandenen Schenkel sind etwa gleich lang, wobei die maximale Länge des Gerätes ca. 20 cm beträgt. Am unteren Ende des Hauptstranges dürfte die eigentliche Arbeitskante des Gerätes gelegen haben. Hier ist die Außenkante abgeschrägt, wodurch eine abgerundete beilartige Schneide entstand. Gebrauchspolitur belegt, daß wir mit diesem Stück ein Werkzeug vorliegen haben, welches tatsächlich in Benutzung war. Der Vollständigkeit halber soll an dieser Stelle noch auf ein zweites ähnliches, jedoch fragmentierteres Geweihgerät aus dem Hohle Fels hingewiesen werden. Auf ihm befinden sich jedoch nur quer verlaufende Schnitte und keine figürliche Darstellung (Hahn u. Waiblinger 1996).

Auf dem Hauptstrang des figürlich verzierten Werkzeuges sind zwei Staffeln von Strichreihen eingeritzt, die nahezu parallel zur Arbeitskante verlaufen. Sie erstrecken sich bis kurz vor das Ende der vorderen Hälfte des Hauptstranges. Im gleichen Geweihbereich läßt sich der Umriß eines nicht näher bestimmbaren Tieres erkennen. Seine deutlich geschwungene Rückenlinie verläuft bis zur Hälfte des Gerätes fast parallel zur Außenkante des Geweihhauptstranges. Die gerundete Bauchpartie verbindet die angedeuteten Vorder- und Hinterläufe. Der Körper des Tieres erscheint langgestreckt. Die Kopfregion ist nicht mit Sicherheit zu bestimmen. Im Gegensatz zu den oben behandelten eigenständigen Plastiken des Gravettien weist dieses Stück den Charakter eines flüchtig verzierten Alltagsgerätes auf. Hierbei bleibt fraglich, ob bei diesem Artefakt mit Tiermotiv die parallelen Strichreihen und der Tierkörper als eine darstellende Einheit beabsichtigt waren, oder möglicherweise mit unterschiedlichen Funktionen, einer funktionalen und einer schmückenden, angebracht wurden.

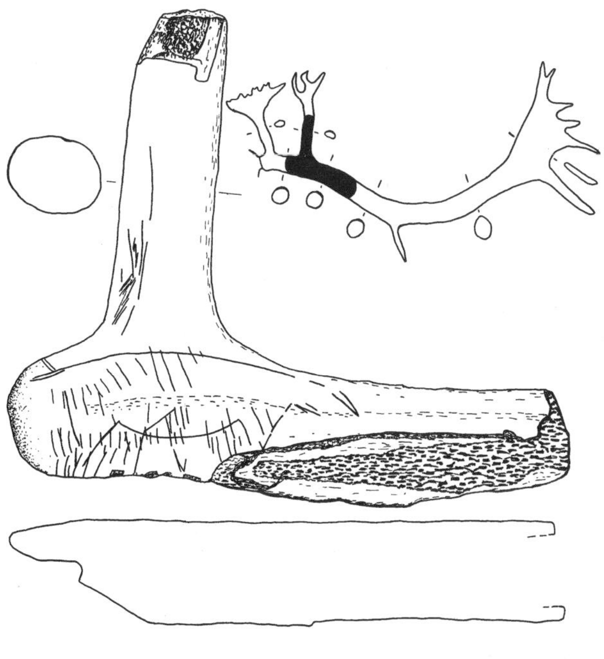

**28** Graviertes Geweihgerät, Hohle Fels KAT 34

Während wir für die hier behandelte figürliche Ritzung in dem auf das Gravettien folgenden Magdalénien auch im deutschsprachigen Raum über eine Reihe von Vergleichsmöglichkeiten verfügen, ist die beste Parallele aus dem Gravettien in Italien zu finden (Mezzena e Palma di Cesnola 1972). Dieses Artefakt, ein gravierter Knochen,
29 KAT 35 stammt aus der Höhle von Paglicci (Foggia, Italien). Wie die Ritzung aus dem Hohle Fels verbindet sich auch hier ein naturalistisches Tiermotiv mit parallelen Streifen. Darüber hinaus erscheinen in Reihe gestaffelte Winkel, die mit dem Linienmuster das Steinbockmotiv überlagern.

Beide Tierfiguren sind im Profil dargestellt, eine Abbildungsweise, die in der bildlichen Kunst der Eiszeitjäger dominiert. Beide Darstellungen weisen keine deutlichen anatomischen Details auf. Wie für das Stück vom Hohle Fels, so kann auch für den geritzten Knochen von Paglicci keine beabsichtigte Komposition von Tiermotiv und Streifenmuster vorausgesetzt werden. Die Tierdarstellungen erwecken den Eindruck einer Skizze und nicht den ausformulierter Abbildungen. Beide Tierfiguren wirken unbewegt, starr. Sie können in ihren Ursprungsgebieten als Vertreter der ältesten Gravierungen betrachtet werden und weisen somit nicht nur stilistische Parallelen auf.

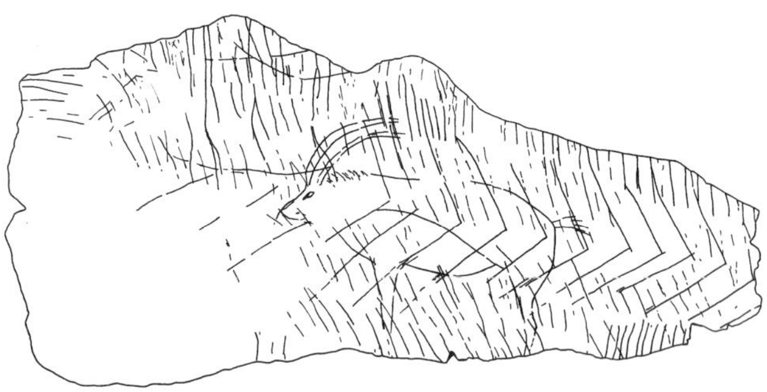

**29** Gravierter Knochen, Paglicci KAT 35

## Geritzte Bärenschliffe

Obwohl die qualitative Einordnung der geritzten Bärenschliffe aus dem Hohle Fels nicht gesichert ist, soll hier auch diese Fundgattung der Vollständigkeit halber Erwähnung finden. Es handelt sich bei ihnen um von eiszeitlichen Höhlenbären polierte Teile der ehemaligen Höhlenwand, die in erster Linie in den gravettienzeitlichen Kulturschichten entdeckt wurden (Conard u. Floss 2001, Hahn 1994). Die Platten tragen Ritzungen, die auf Grund ihrer Scharfkantigkeit auf ein schneidendes Werkzeug und nicht auf tierische Kratzspuren zurückzuführen sind. Sehen wir in diesen Ritzungen das Ergebnis intentionellen künstlerischen Schaffens, so ist auffällig, daß keine klar erkennbaren Darstellungen vorliegen. Die Muster beschränken sich auf Parallelen, in einem Punkt zusammenlaufende und sich überschneidende Linien, feine Strichbündel und seltene Bögen. KAT 36

Die meisten dieser Bärenschliffe wurden mit der polierten und geritzten Seite nach unten im Höhlensediment aufgefunden. Hierdurch erscheint es unwahrscheinlich, daß diese Stücke als Schneideunterlagen gedeutet werden können. Wahrscheinlicher ist es, daß die glatt gescheuerten Wandpartien schon bearbeitet waren, als sie von den Wänden brachen und im Höhlenschutt weiter zerfielen. Letztendlich bleibt unklar, ob wir in diesen Linien überhaupt Zeichen sehen können, die eine innere Bedeutung tragen. Klärende systematische Untersuchungen hierzu stehen noch aus.

*Die Darstellungen des Magdalénien sind überwiegend zweidimensional ausgeführt. Im mitteleuropäischen Bereich sind fast ausschließlich Gravierungen vorhanden. Einen Sonderfall mit ganz eigener Problematik stellen die äußerst seltenen Malereien dar, die daher gesondert behandelt werden (s.S. 75ff).*

Gravierungen an Höhlenwänden, wie wir sie in eindrucksvollen Beispielen aus dem Magdalénien Frankreichs und Spaniens kennen, wurden im süddeutsch-schweizerischen Jura bisher nicht entdeckt. Dies könnte daran liegen, daß sich intakte Wandpartien aus der späten Eiszeit nicht in genügendem Umfang erhalten haben. Vorhanden sind aber zahlreiche Gravierungen auf Steinplatten, Geröllen, Gagat- und Rötelstücken sowie auf Elfenbein. Auch Knochen- und Geweihgeräte wurden entsprechend verziert. Wie die Plastiken gehören daher auch die Gravierungen formal gesehen zur mobilen Kunst.

Steinplatten wurden im Magdalénien zum Bau von Feuerstellen sowie als Pflasterung im Siedlungsbereich verwendet. In der rheinischen Freilandfundstelle Gönnersdorf (Kreis Neuwied) dienten Schieferplatten als Fußbodenbedeckung in den Behausungen (Bosinski 1987). Zusammensetzungen zeigen, daß sowohl große Schieferplatten als auch Bruchstücke und aufgespaltene Platten graviert wurden. Häufig überlagern sich die Darstellungen, was ihre Lesbarkeit erschwert. Für die steinzeitlichen Künstler und Betrachter traten aber die jeweils aktuell geschaffenen Bilder durch den hellen Gravierstaub deutlich hervor, es waren also eher Kunstwerke auf Zeit, deren Bedeutung in ihrer Herstellung an sich oder zu einem bestimmten Anlaß lag.

Die vielen hundert Gravierungen aus Gönnersdorf und dem benachbarten Fundort Andernach (Kreis Mayen-Koblenz) haben die Materialbasis und damit unsere Kenntnis solcher Bildwerke in Mitteleuropa wesentlich vergrößert. Insgesamt behandeln die Gravierungen ein thematisch weites Spektrum der eiszeitlichen Umwelt (Bosinski 1999). Verbreitet sind szenische Darstellungen sowie Assoziationen KAT 58
von Menschen, Tieren und Zeichen. Die Tierabbildungen folgen allgemein dem Lebensbild, wobei eine realistische Wiedergabe selbst anatomischer Details kennzeichnend ist. Unter den Menschendarstellungen begegnen uns wie in der plastischen Kunst stilisierte Frauenfiguren, sehr viel seltener sind männliche Wesen und schemenhafte Gestalten mit großen Augen, die sogenannten Phantome. Die grundsätzlich von der naturalistischen Wiedergabe der Tiere abgesetzte Darstellung deutet für diese Themengruppe einen anderen Stellenwert im Denken an.

In den süddeutschen und schweizerischen Stationen wurden vorwiegend gebankte Jurakalke genutzt. Auch die in Kalkstein geritzten Darstellungen sind aufgrund vielfacher Überlagerungen nur eingeschränkt lesbar. Sehr anschaulich zeigt dies ein Fund aus der Hohlenstein-Höhle im Nördlinger 30 KAT 59
Ries (Landkreis Donau-Ries) (Müller-Beck u. Albrecht 1987). Die nur fragmentarisch erhaltene Kalksteinplatte ist auf einer Seite vollständig mit Gravierungen bedeckt. Im Liniengewirr befinden sich die Gravierung eines Pferdekopfes, isolierte Pferdeextremitäten sowie in gleicher Ausrichtung insgesamt sechs schematisierte Frauenfiguren.

Leider ebenfalls nur in Bruchstücken überliefert ist eine gravierte Kalksteinplatte aus der Mittleren Klause (Landkreis Kelheim) (Bosinski 1982). Auf einigen Plattenteilen sind eindeutige Darstellungen erkennbar: Einem zur linken Plattenkante gewandten Pferdekopf kann ein davon abgesetztes Pferdebein zugeordnet werden, die darüber liegenden Plattenteile zeigen lediglich zwei weitere Mähnenschraffuren. Vor allem auf der Plattenrückseite sind

**30** Gravierte Kalksteinplatte, Hohlenstein KAT 59

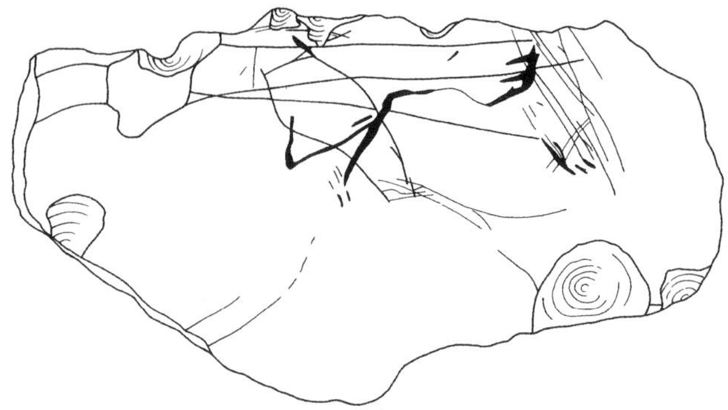

**31** Kalksteingeröll, Felsställe KAT 61

noch rote Farbspuren erhalten. Möglicherweise wurde der Farbstoff benutzt, um Gravierungen deutlicher hervorzuheben (Albrecht 1987).

KAT 60 A/B Eine Kalkstein- oder Tonschieferplatte aus der Fundstelle Schweizersbild (Kanton Schaffhausen) trägt beidseitig mehrere Tiergravierungen (Bosinski 1982). Auf der einen Seite sind neben zwei ineinandergezeichneten Pferden drei weitere Figuren erkennbar, rückseitig sind drei mögliche Cervidendarstellungen vorhanden.

Außer Steinplatten wurden auch andere mineralische Bildträger verwendet: Ein graviertes Kalksteingeröll liegt aus (31 KAT 61) dem Abri Felsställe bei Mühlen (Alb-Donau-Kreis) vor (Kind 1987). Neben Linien, die keinem Motiv zuzuordnen sind, zeigt es eine stilisierte Frauenfigur. „Venusdarstellungen" dieses Typs sind auch vom Petersfels bei Engen im Hegau (Landkreis Konstanz) auf einem abgeschlagenen Rötelfragment und einem Gagatplättchen bekannt (Albrecht 1979; Albrecht et al. 1994). Weitere Gagatstücke vom Petersfels und aus dem Kesslerloch (Kanton Schaffhausen) tragen Wildpferdgravuren (Bosinski 1982).

Flächige Darstellungen auf Schiefer- oder auch Kalkplatten lassen sich verwischen oder durch neue Gravierungen überdecken, Einschnitte auf Knochen und Geweih dagegen bleiben langfristig sichtbar. Zahlreiche zerschlagene oder weiterverarbeitete Knochen deuten am Petersfels eine bewußte Zerstörung solcher Bildwerke an (Albrecht et al. 1994). Auch sekundär durchgestrichene Darstellungen können entsprechend interpretiert werden: Auf einem Rentierknochen befindet sich die Gravierung vier stark abstrahierter Frauenfiguren, die durch horizontale Abschabungen ausgestrichen wurde (Albrecht u. Berke 1980). Die Bruchstücke eines flachen Knochenspanes tragen Winkelreihen, die ebenfalls als Frauendarstellungen gelesen werden können (Albrecht 1989). Oberhalb einer aus ge- KAT 62
trennten Ober- und Unterkörpern bestehenden Reihung

Bison,
Geißenklösterle
KAT 13

Tierköpfchen,
Hohle Fels
KAT 26

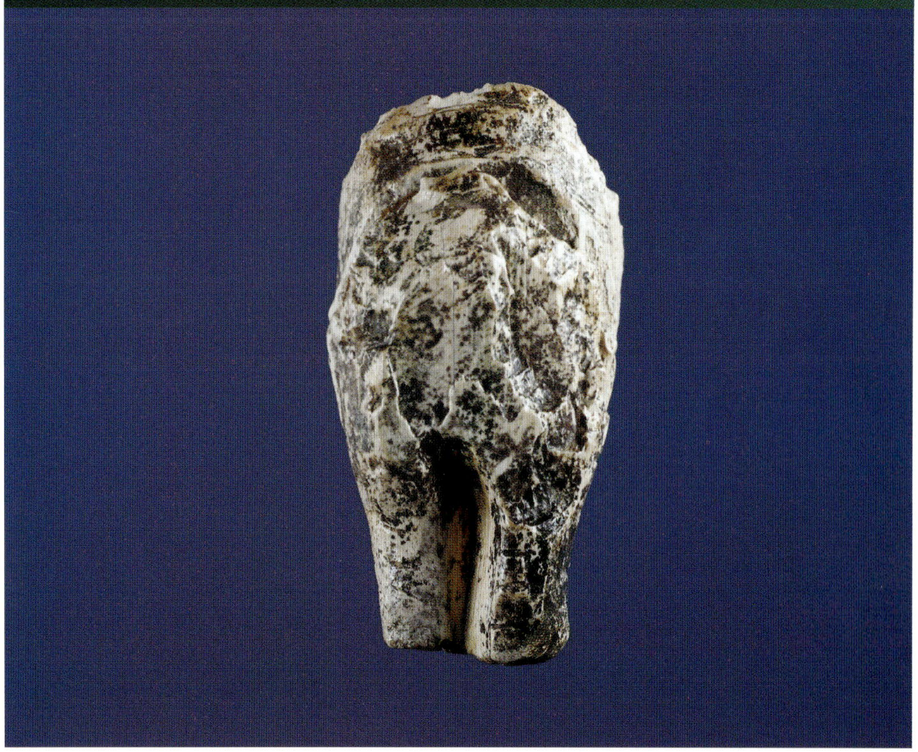

Mammut-Hinterteil,
Vogelherd
KAT 7

Gravierter Pferdewirbel,
Petersfels
KAT 63

Gravierter Geweihspan,
Petersfels
KAT 64

markieren kurze Winkel die Oberkörper einer zweiten Frauenreihe. Durch horizontale Ritzungen ist die Abbildung durchgestrichen. Thematisch kann sie im Vergleich mit Gönnersdorfer Gravierungen als Tanzszene interpretiert werden.

Am Petersfels sind Wildpferde auch auf Knochen- und Geweihmaterial dargestellt (Albrecht 1987). So trägt ein Rippenfragment eine Pferdedarstellung, ein Pferdewirbel ist
*Tafel* 19, KAT 63 mit dem Kopf eines Wildpferdes verziert und auf einem
*Tafel* 20, KAT 64 Geweihspan ist eine Abfolge von Pferdeköpfen graviert.
Während die Gravierungen auf einem Rengeweih von der
KAT 65 Schussenquelle (Landkreis Biberach) in ihrer Deutung bisher unklar sind (Schuler 1994), läßt ein Geweihstück vom
**32** KAT 66 Kesslerloch den Kopf eines Rentieres und ein weiteres den Hinterkörper eines Cerviden erkennen (Bosinski 1982).
Auf einem Steinbockschulterblatt aus der Rislisberghöhle (Kanton Solothurn) befindet sich eine fragmentarisch
KAT 67 erhaltene Darstellung besagten Tieres (Müller-Beck u. Albrecht 1987).

**32** Geweihstück mit Gravierung eines Rentierkopfes, Kesslerloch KAT 66

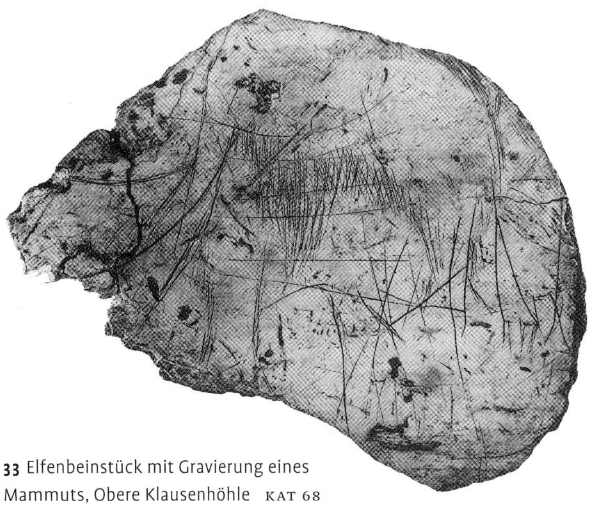

**33** Elfenbeinstück mit Gravierung eines Mammuts, Obere Klausenhöhle KAT 68

Mammutelfenbein dürfte gegen Ende der Eiszeit bereits ein seltener Rohstoff gewesen sein und wurde für Gravierungen kaum verwendet. Es ist nicht ausgeschlossen, daß gerade deshalb auf einem kleinen Elfenbeinstück aus der
**33** KAT 68 Oberen Klausen-Höhle (Landkreis Kehlheim) ein Mammut abgebildet wurde, weitere Gravierungen gehören möglicherweise zu einem zweiten Tier (Bosinski 1982).

Unter den Geräten, die Gravierungen tragen, sind die „Lochstäbe“ besonders eindrucksvoll. Die reiche künstlerische Ausstattung dieser ein- oder mehrfach gelochten Geweihobjekte führte dazu, daß sie zunächst als Kommandostäbe bezeichnet wurden. Heute werden in ihnen meistens Schaftstrecker gesehen, die als Handhabe dienten, um Speer- oder Lanzenschäfte geradezubiegen.

In Zusammenhang mit der in der zweiten Hälfte des 19. Jahrhunderts geführten Debatte über die Echtheit der Eiszeitkunst sind die 1874 in der schweizerischen Fundstelle Kesslerloch (Kanton Schaffhausen) gefundenen Kleinkunstwerke wichtig (Adam u. Kurz 1980; Bandi et al. 1977). Die Aufdeckung zweier eindeutig gefälschter Gravierungen führte zu einem heftigen und kontrovers geführten Disput über die gesamten Kunstwerke aus dem Kesslerloch, der aber 1877 mit ihrer weitgehenden Anerkennung beigelegt werden konnte. Die berühmteste Darstellung aus dem Kes-
KAT 69 slerloch ist das „weidende Rentier", welches auf den Schaft eines Lochstabes graviert ist (Albrecht 1987).
KAT 67 Ebenso bekannt ist die Gravierung eines Wildpferdes auf einem weiteren Lochstab dieser Fundstelle.
Ein verbreitetes Motiv auf Lochstäben sind hintereinander angeordnete Tierfiguren. Eine solche szenische Darstellung liegt vom Kesslerloch und aus der benachbarten Fund-
KAT 71 stelle Schweizersbild vor (Bosinski 1982). Zwei einander
KAT 72 folgende Rentiere auf einem Lochstab aus dem Petersfels
KAT 73 lassen sich als Brunftszene interpretieren (Albrecht 1987). In ihrer Halbrelieftechnik ungewöhnlich ist die Darstellung auf einem Lochstab aus der Mittleren Klausen-Höh-
34 KAT 74 le. Es handelt sich um einen skulptierten und gravierten Tierkopf, wahrscheinlich um den eines Wildrindes (Albrecht 1987; Bosinski 1982).

Häufig reich verzierte Geweihstücke mit halbovalem Querschnitt werden als „baguette demironde" bezeichnet. Es wird angenommen, daß sie paarweise zusammengefügt ein mögliches Verbiegen, dem einteilige Geweihstäbe ausgesetzt wären, verhindern sollten. Die Gravierung auf einem baguette demironde vom Kaufertsberg im Nördlinger Ries (Landkreis Donau-Ries) könnte einen Fisch darstellen, ist aber nur unvollständig erhalten und so in ihrer Deutung unklar (Bosinski 1982).

Auch am Petersfels wurden Geweihgeräte mit Fischen verziert (Albrecht 1987): Auf einer längeren Geweihstange mit KAT 75
abgeschrägter Basis ist ein Fisch mit Innenzeichnung, spitzem Kopf und abgespreizten Kiemen graviert, daran anschließend greifen vier mit Winkelreihen oder Schrägschraffuren ausgefüllte Spitzovale dieses Fischmotiv auf.

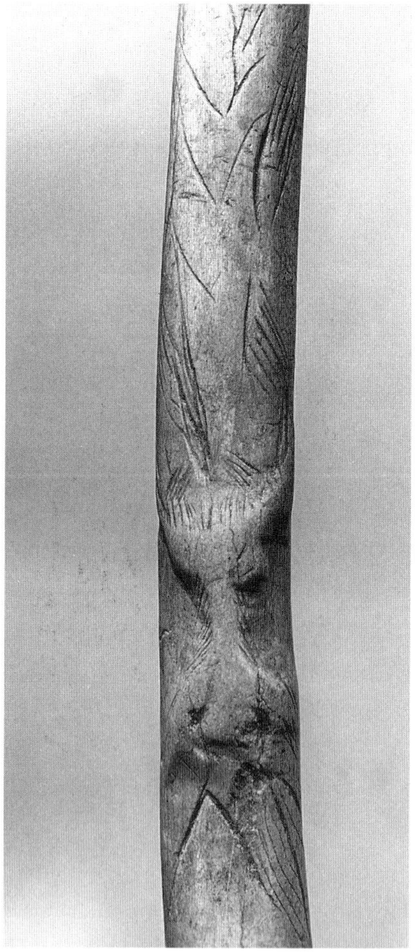

**34** Lochstab mit Gravierung eines Tierkopfes, Mittlere Klausen-Höhle
KAT 74

# Malerei in der Eiszeitkunst des Süddeutsch-Schweizerischen Jura

*Die ersten spärlichen Hinweise auf Malerei sind im süddeutsch-schweizerischen Jura aus dem Aurignacien bekannt. Während aus dem Gravettien keine Malerei überliefert ist, finden sich einige Beispiele im Magdalénien. Die meisten Belege für Malerei liegen schließlich im Spätpaläolithikum am Ende der letzten Eiszeit vor.*

## Die Anfänge der Kunst

Seit es Kunst auf der Erde gibt, gibt es auch Malerei. Die Entwicklung der Malerei kann somit nur eingebunden in die frühe Geschichte der Kunst insgesamt betrachtet werden. Die Anfänge der Kunst gehen in Europa auf die Zeit des Überganges von der mittleren (Mittelpaläolithikum) zur jüngeren Altsteinzeit (Jungpaläolithikum) vor ca. 40 000 bis 30 000 Jahren zurück. In dieser Phase wurde der Kontinent von zwei unterschiedlichen Menschenformen, den letzten Neandertalern und den frühesten modernen Menschen besiedelt. Sämtliche mit diesem Umstand verbundene Konsequenzen sind in ihrer Fülle und Komplexität noch nicht verstanden. Die Koexistenz von Neandertalern und *Homo sapiens sapiens* scheint aber Synergieeffekte ausgelöst zu haben, die bei beiden Menschenformen ein erhöhtes Maß an Kreativität zur Folge hatten. Dieser sprunghafte Anstieg von Kunst und Schmuck ist auch unter dem Namen „Kreative Explosion" in die Literatur eingegangen. Während die letzten Neandertaler Europas in der angesprochenen Phase mehr als je zuvor Schmuckstücke herstellten, beispielhaft beleuchtet am Artefaktbestand der nordburgundischen Höhlenstationen von Arcy-sur-Cure (Leroi-Gourhan 1964), war es nach derzeitigem Kenntnisstand der frühe *Homo sapiens sapiens*, auf den nun die ersten Kunstwerke zurückgehen. Diese früheste Kunst ist mit der ersten europaweit verbreiteten Kultur des modernen Menschen, dem nach einem Fundplatz im französischen Pyrenäenvorland benannten Aurignacien verbunden. Die Schwäbische Alb ist eine der bedeutendsten Regionen dieser Kunst. Von den vier Höhlenstationen Vogelherd, Hohlenstein, Geißenklösterle und Hohle Fels kennen wir aus der Zeit vor ca. 30 000 bis 37 000 Jahren Elfenbeinplastiken von Tieren, Menschen und Mischwesen, die ein einmaliges Zeugnis der Vorstellungswelt und des Kunstschaffens der Menschen des frühen Jungpaläolithikums abgeben (Riek 1934, Hahn 1986, Wehrberger 1994, Conard u. Floss 2000).

## Früheste Hinweise auf Farbgebrauch

Nun aber zur Malerei. Wenn sie, wie oben gesagt, Teil der ersten Kunst ist, muß sie folglich auch im Aurignacien zu finden sein, was zu belegen sein wird. Zunächst sei jedoch kurz der Frage nachgegangen, ob es Indizien für Vorläufererscheinungen von Malerei aus dem Alt- und Mittelpaläolithikum gibt. Gerade in den letzten Jahren ist im Sinne der Ehrenrettung des oftmals verleumdeten Neandertalers auf Belege seines modernen Verhaltens und als Teil davon seines ästhetischen Empfindens hingewiesen worden. Die im

Vergleich zum folgenden Jungpaläolithikum relativ kleine Anzahl dieser Belege wird in diesem Zusammenhang oft mit schlechten Erhaltungsbedingungen erklärt, die besonders in den frühen Phasen der Menschheitsgeschichte das reelle Spektrum der ehemals vorhandenen materiellen Kultur und damit auch der Kunst verfälschten. Wir haben an anderer Stelle (Floss 2000) vor kurzem dargelegt, daß wir trotz dieser limitierenden Faktoren den Beginn der Kunst in Europa erst mit dem Übergang vom Mittel- zum Jungpaläolithikum ansetzen möchten. Hinweise auf Farbgebrauch gibt es aber vereinzelt auch schon zuvor. Ohne hier den Versuch einer vollständigen Nachweisliste antreten zu wollen, sind im späten Alt- und im Mittelpaläolithikum Europas vereinzelt Belege für den Gebrauch von Ocker bekannt. Hier wird in der Sekundärliteratur immer wieder die bekannte altpaläolithische Fundstelle Terra Amata in Nizza genannt, ohne daß die intentionelle Nutzung von Ocker im Detail beschrieben worden wäre. Auch das böhmische Becov, die polnische Höhlenfundstelle Raj (Kozlowski 1992) und die Neandertalerbestattung von La Chapelle-aux-Saints werden in diesem Zusammenhang immer wieder erwähnt. In Balatonlovas (Ungarn) gibt es möglicherweise sogar einen spätmittelpaläolithischen Abbau von Ocker, wobei in jüngster Zeit eher ein holozänes Alter dieser Abbaustelle angenommen wird (Kozlowski 1992). Auch außerhalb Europas, insbesondere aus Afrika, sind zahlreiche Hinweise für einen sehr frühen Gebrauch von Farbe überliefert.

Bei der Frage nach der möglichen Existenz von Malerei in diesen frühen Phasen der Menschheitsgeschichte muß angemerkt werden, daß in Fundstellen dieser Zeit entdeckte Farbpigmente, selbst wenn sie Abreibspuren tragen, noch lange nicht die Ausführung von Malerei belegen. Neben der bereits erwähnten Verwendung im Grabbrauch muß hier auch eine ganz profane Nutzung von Ocker, zum Beispiel bei der Aufbereitung von Fellen, zum Schutz der Haut oder zu anderen therapeutischen Zwecken in Betracht gezogen werden. Wir wollen dem Neandertaler aber durchaus ästhetisches Empfinden und eventuell auch die Entwicklung einer Farbsymbolik zugestehen. Malerei im eigentlichen Sinne gab es nach heutigem Kenntnisstand zu seiner Zeit aber noch nicht.

## Malerei aus dem Aurignacien

Erst mit dem Aurignacien, das zwischen ca. 40 000 und 30 000 BP datiert, kennen wir in Europa Malerei. Jedoch waren es lange andere Ausdrucksformen, welche die Kunst dieser Zeit vertraten. Bis in die 90er Jahre des 20. Jahrhunderts standen sich zwei Fundregionen der Aurignacien-Kunst stilistisch unversöhnlich gegenüber: einerseits Südwestfrankreich mit seinen groben, archaisch wirkenden Piktogrammen, die eine ausgeprägte Sexualsymbolik erkennen lassen (Delluc 1978), und andererseits die filigranen Elfenbeinplastiken der Schwäbischen Alb (Hahn 1986). Diese Unterschiede des Kunststils wurden entweder mit einer doppelten Forschungslücke oder mit regionalen Eigenheiten erklärt, obwohl der europaweit einheitliche Artefaktbestand des Aurignacien eher für übergreifende kulturelle Traditionen spricht. Mit der 1994 entdeckten Grotte Chauvet (Chauvet et al. 1995) und den absoluten Datierungen eines Teiles ihrer spektakulären Wandkunst (Clottes et al. 1995) trat plötzlich auch die Malerei als künstlerisches Stilmittel des Aurignacien in das Interesse der breiten Öffentlichkeit. Jedoch waren schon lange zuvor in der Dordogne und auch in Südwestdeutschland Hinweise auf Malerei bekannt, die eine Brücke zwischen den angeblich so unterschiedlichen Fundregionen der Aurignacien-Kunst schlugen. Im Abri Blanchard (Dordogne) fanden D. Peyrony und M. Castanet bereits 1911 zwei zusammenpassende bemalte Kalksteinblöcke, die eine Rinderdarstellung zeigen (Delluc 1978).

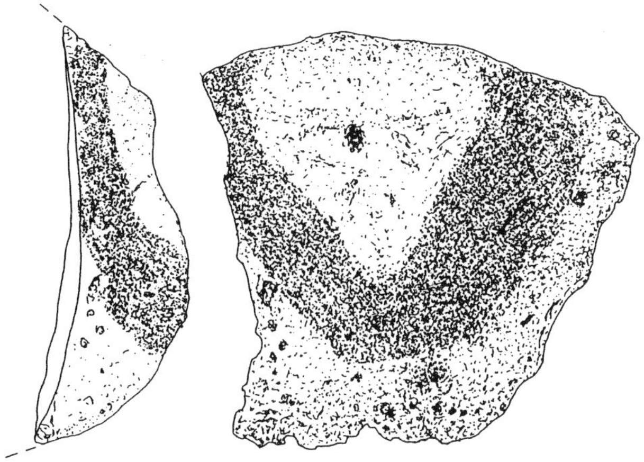

**35** Der Schwarze Stein aus der Aurignacien-Schicht IIIa des Geißenklösterle (Umzeichnung) KAT 82

Für die Schwäbische Alb gelten seit Ende der 80er Jahre des 20. Jahrhunderts zwei von Joachim Hahn entdeckte, bemalte Kalksteinstücke vom Geißenklösterle als Belege für Malerei und Wandkunst des Aurignacien. Hier ist zunächst ein Kalksteinfragment aus der unteren Aurignacien-Schicht IIIa anzuführen, das nach den Angaben des Ausgräbers einen gemalten schwarzen Winkel trägt, der zu einem Dreieck zu ergänzen sei und Ähnlichkeiten zu den Vulvendarstellungen des Aurignacien Südwestfrankreichs zeige (Hahn 1988a; 1991). Dieser Stein ist als abgeplatztes Fragment der Höhlenwand anzusehen und wurde von Hahn als Beleg von Höhlenkunst im frühen Jungpaläolithikum Südwestdeutschlands angesehen (Hahn 1988a; 1989; 1991). Nach den mittlerweile für diese Schicht vorliegenden absoluten Datierungen bis ca. 40 000 BP (Richter et al. 2000) läge damit das älteste Beispiel von Höhlenkunst in Europa vor. Das Stück ist eine annähernd quadratische, ca. 10 mal 10 cm große Kalksteinscherbe von der Höhlenwand, die auf einer Seite einen undeutlichen und nur in einem kleinen Bereich eher scharf begrenzten schwarzen Überzug trägt. Aus heutiger Sicht kann die Ansprache dieses Stückes als Kunstwerk angesichts seines unscheinbaren Aussehens nicht nachvollzogen werden. So sollten wohl in den Jahren nach seiner Entdeckung zu Hilfe genommene chemische und mikroskopische Analysen zusätzliche Beweismittel beibringen. Die Ergebnisse dieser Untersuchungen wurden aber nur andeutungsweise publiziert (Hahn 1989). Nach eingehender Recherche gelang es, den Analytiker Christian Hradecky ausfindig zu machen, der Ende der 80er Jahre des 20. Jahrhunderts die unpubliziert gebliebenen chemischen und mikroskopischen Untersuchungen durchgeführt hatte. Nach seinen detaillierten Angaben und neu in Auftrag gegebenen, 1999 von Josef Riederer (Rathgen-Forschungslabor, Berlin) durchgeführten chemischen Analysen sowie unseren eigenen mikroskopischen Beobachtungen läßt sich der heutige Erkenntnisstand zum „Schwarzen Stein des Geißenklösterle“ wie folgt zusammenfassen: Die schwarze Färbung des Steines hat mehrere Ursachen. Auf der Rückseite und auf alten Bruchflächen am Rand der Vorderseite ist zu erkennen, daß sich diese Färbung bis tief in das Innere des Steines fortsetzt. Es kann sich insofern nicht um einen oberflächigen Auftrag, wie Malerei, handeln. In diesen Bereichen des Steines haben Algen und Mangandentriten die schwarze Färbung hervorgerufen. Die von Hradecky durchgeführten Röntgenspektralanalysen wurden im Zentrum der Oberseite des Stückes ausgeführt, wo die Färbung am deutlichsten ist. Hier erwiesen die Analysen einen nur geringen Mangan-Anteil, aber Kohlenstoff, Sauerstoff und Stickstoff. Hahn interpretierte diesen Befund als einen beabsichtigten Auftrag von Knochenkohlenasche mit Fetten und Höhlenlehm als Farbträger (Hahn 1989). Diese Annahme entbehrt jedoch jeglicher Grundlage, da die angewendeten Analysemethoden nach Aussage von Hradecky nur zur Bestimmung chemischer Elemente, nicht aber komplexer chemischer Verbindungen dienten. Demnach ist weder erwiesen, mit welchen konkreten Sub-

35 KAT 82

stanzen der Stein in Verbindung kam, geschweige denn, ob dies intentionell vonstatten ging. Zwar erscheint der Besatz mit der schwarzen Substanz mikroskopisch dicht und regelmäßig, ähnlich dem dreifarbig bemalten Stein aus der Schicht IIb (s.u.), und Hahn wertete die Einmaligkeit des Objektes im Kontext der Fundschicht als Argument gegen KAT 83 natürliche Bildungen. Dennoch muß nach dem bisherigen Kenntnisstand betont werden, daß der Nachweis von Malerei hier nicht erbracht und ein völlig zufälliger Kontakt zwischen Kalkstein und schwarzer Substanz nicht ausgeschlossen werden kann.

Wichtiger ist ein dreifarbig verzierter Stein aus der oberen Aurignacienschicht IIb des Geißenklösterle. Auf diesem ca. 8,7 cm langen, 6,3 cm breiten und 4,4 cm dicken Kalksteinstück befinden sich gestaffelt mehrere undeutlich begrenzte Zonen, auf denen verblichene Reste schwarzer, roter und gelber Farbe erkennbar sind (Müller-Beck u. Albrecht 1987; Hahn 1986; 1988b). Allseitige Farbreste deuten an, daß dieser Stein sehr wahrscheinlich ursprünglich rundherum bemalt war, zudem lag er in der Nähe anderer besonderer Fundstücke, zum Beispiel des bekannten Elfenbeinplättchens mit dem Halbrelief einer anthropomorphen Figur. Beide Umstände, die allseitige Bemalung und der Fundzusammenhang, sprechen dafür, daß es sich bei diesem Stück um ein Kleinkunstwerk handelt. Durch die Staffelung fünf unterschiedlich gefärbter Bereiche von Schwarz über Rot und Gelb wieder zurück zu Rot und schwarz dürfte eine natürliche Bildung ausgeschlossen sein. Von Hradecki und Riederer unabhängig durchgeführte chemische Analysen belegen die Anwendung von Hämatit für die rote, die von gelbem Ocker für die gelbe und die von pulverisierter Holzkohle für die schwarze Farbe. Der mikroskopisch sichtbar gemachte regelmäßige Pigmentauftrag spricht für Malerei und gegen einen zufälligen Kontakt mit färbenden Substanzen. Nach Riederer sind Magnetit, Ruß, pulverisierter schwarzer Schiefer und andere Materialien als Farbstoffe ausgeschlossen.

Die Pigmente stimmen chemisch mit Ockerstücken überein, die im Sediment der Schicht II des Geißenklösterle gefunden worden waren (Gollnisch 1988). Hämatit und das braune Eisenoxid Limonit kommen vereinzelt in Karstspalten der Schwäbischen Alb vor. Das heterogene chemische Spektrum der untersuchten Proben dürfte auf die Nutzung mehrerer Vorkommen hinweisen.

Der dreifarbig bemalte Stein des Geißenklösterle ist im Resümee nach den absoluten Datierungen das älteste Beispiel von Malerei im Paläolithikum der Schwäbischen Alb und wohl auch ganz Europas. Hahn (1988b) verweist auf von Gustav Riek (1934) erwähnte Steine mit Farbspuren aus dem Aurignacien des Vogelherd, so daß Farbgebrauch im frühen Jungpaläolithikum der Schwäbischen Alb durchaus die Regel gewesen sein könnte. Auch wenn der Schwarze Stein aus der Schicht III des Geißenklösterle, wie beschrieben, in seiner Bedeutung einzuschränken ist, halten wir es durchaus für möglich, daß neben Kleinkunst mit bemalten Steinen und Elfenbeinplastiken im Aurignacien der Region bereits auch Wandkunst vorhanden war, wie sie in Frankreich belegt ist.

In jüngster Vergangenheit sind zwei mit Ocker bemalte Kalksteinplatten aus der norditalienischen Höhle Fumane bekannt geworden. Nach Alberto Broglio handelt es sich um die Darstellungen eines nicht näher identifizierbaren Tieres sowie um ein Tier-Mensch-Mischwesen. Nach den Angaben des Ausgräbers datieren diese Funde in eine Zeit vor 32 000 bis 36 500 Jahren BP. Bestätigen sich Authentizität und Alter der Funde, läge hier ein weiteres Beispiel für Malerei aus den Anfängen der Kunst in Europa vor. Norditalien wäre nach der Dordogne, der Ardèche und der Schwäbischen Alb damit die vierte Fundregion Europas, in der Malerei des frühen Jungpaläolithikums bekannt ist. Das Phänomen Malerei wäre damit auf dem besten Wege, schon am unmittelbaren Beginn der Kunst von einer Ausnahmeerscheinung zu einem regelhaft auftretenden Kulturgut zu werden.

## Malerei aus dem Magdalénien

Auch wenn im Gravettien des Geißenklösterle und des Hohle Fels bei Schelklingen vereinzelt Ocker- und Hämatitstückchen gefunden werden konnten, tritt Malerei in der Region erst wieder mit dem Magdalénien auf. Einen indirekten Hinweis dafür lieferte bereits eine an der Basis der Magdalénienschichten des Hohle Fels 1995 gefundene kleine fossile Muschelschale, *glycimeris*, die auf der Innenseite Rötelspuren aufweist (Hahn 1996). Handelt es sich hier um eine Farbpalette? Auch wenn wir diese Frage nicht eindeutig beantworten können, da eine Durchlochung am Verschluß der Muschelschale auf eine vorherige oder zusätzliche Nutzung als Anhänger hinweist, gibt es im Magdalénien des Hohle Fels mehrere klare Belege für Malerei.

Besondere Aufmerksamkeit löste in diesem Zusammen-
KAT 76 hang die 1998 erfolgte Entdeckung eines bemalten Kalksteines vom Hohle Fels bei Schelklingen aus (Conard u. Floss 1999, 2001), der die Frage nach der Existenz von Höhlenkunst in Südwestdeutschland neu entfachte. Das Stück stammt aus dem geologischen Horizont GH 1k und zählt mit dieser stratigraphischen Position zu den Magdalénienresten der Höhle. Es ist ein ca. 8 mal 6 cm großes Artefakt aus Kalkstein des Oberen Jura. Während die bemalte Vorderseite des Stückes gerundet ist und wahrscheinlich als Teil der ehemaligen Höhlenwand, eventuell als Gerölloberfläche anzusprechen ist, ist die Rückseite alt gebrochen. Die Bemalung setzt sich aus zwei Doppelreihen roter Punkte zusammen. Eine doppelte Punktreihe ist im Zentrum der Oberseite des Steines zu finden und ist vollständig. Sie besteht aus zwei annähernd parallelen Reihen von jeweils sieben zum Teil unscharf begrenzten Punkten. Die zweite Punktreihe ist in ihrer Längsachse in einer Abweichung von ca. 35° zu der ersten Doppelreihe angebracht. Sie ist durch den Bruch des Kalksteins gekappt und unvollständig, besteht aber noch aus 2 mal 4 gut erhaltenen, jeweils parallel angebrachten Punkten. Auf dem Rand der gewölbten Oberseite und auf der Rückseite des Stückes befinden sich ebenfalls Farbreste. Während die Spuren am Rand der Oberseite ebenfalls von einem artifiziellen Auftrag zeugen können, sind die unterseitigen Spuren nur unregelmäßige Flitter, die durch die zufällige Berührung des Steines mit Ockerpartikeln im Sediment hervorgerufen worden sein dürften. Sämtliche roten Punkte besitzen eine uneinheitliche leicht ovale Form und in der Längsachse einen Durchmesser von 4 bis 7 mm. Die uneinheitliche Größe und Form der Punkte, die bei mikroskopischer Beobachtung, in ihrer Längsachse gesehen, jeweils ein leicht spitzovales, ansetzend wirkendes und ein eher rundliches, ausfedernd wirkendes Ende erkennen lassen, sprechen nicht für das vertikale Aufbringen eines unflexiblen Stempels, sondern eher für das Aufbringen eines beim Aufdrücken nachgebenden Pinsels oder einer Fingerspitze. Die technologische Lesbarkeit wird jedoch durch den leicht verwaschenen Habitus der Punktreihen verunklart.

Das beschriebene Artefakt ist nicht das einzige bemalte Objekt des Hohle Fels. Bereits Riek fand bei seinen Grabungen Ende der 50er Jahre des 20. Jahrhunderts mindestens fünf Kalksteingerölle mit Farbspuren. Vier der fünf Gerölle zeichnen sich durch deutlich abgesetzte Streifen bzw. punktförmige Reste roter Farbe aus (Saier 1994). Das fünfte Stück trägt nur undeutliche Farbreste, konnte aber mit einem Geröllfragment aus den Grabungen J. Hahns zusammengesetzt werden. Die Funde Rieks datieren nach den stratigraphischen Angaben des Ausgräbers sehr wahrscheinlich in das Magdalénien.

Weiterhin sind drei im Zuge der Ausgrabungen Hahns gemachte Funde zu nennen. Es handelt sich zunächst um ein ca. 9 mal 5 mal 4 cm großes Dolomitgeröll, das schon von Anne Scheer (1994) beschrieben wurde. Die bereits natürliche Rosafärbung des Dolomits verstärkt sich durch Hitzeeinwirkung. Auf zwei Seiten ist das Geröll aus diesem Grund auch leicht geschwärzt. Es ist nur zu einem geringen Teil mit den originalen Geröllοberflächen bedeckt, die stark gerundet und auf der Rückseite wie die sogenannten Bärenschliffe verkratzt sind. Auf mehreren Seiten ist das Stück gekappt. Aussplitterungen und Negative belegen eine intentionelle Zerlegung. Während das Stück in seiner Länge ehemals nicht sehr viel größer gewesen sein dürfte, ist es in seiner Breite an beiden Enden deutlich verkürzt. Auch die Farbreste tragende flache Oberseite ist durch den Abhub zweier paralleler Negative nicht vollständig erhalten. Auf dem verbliebenen Teil der Geröllοberfläche sind drei parallele, noch ca. 4 cm lange rote Farbbänder sichtbar. Die rote Farbe ist stark verblichen und die Konturen der Farbbänder sind unscharf. Chemische Analysen identifizierten die rote Farbe als Hämatit. Zwei ca. 1,0 und 0,7 cm breite Farbstreifen sind in ihrer Breite vollständig erhalten, währenddessen der dritte durch einen länglichen schuppigen Abhub in seiner Breite gekappt und noch ca. 0,7 cm breit ist. Im Gegensatz zum neuen, 1998 gefundenen bemalten Stein, bei dem eine ehemalige Position an der Höhlenwand zu diskutieren ist, weisen die vorder- und rückseitigen Geröllοberflächen dieses Stück als Kleinkunstwerk aus. *Tafel 22*, KAT 77

Ein weiteres sehr interessantes Objekt ist ein bemalter und gravierter Kalkstein, der bereits 1977 gefunden wurde. Es handelt sich um einen Fund, der nach der vorliegenden Dokumentation aller Wahrscheinlichkeit nach dem archäologischen Horizont IIa zuzuweisen ist und damit ebenfalls in das Magdalénien gehören dürfte. Das Stück ist maximal 8 mal 7 mal 5 cm groß. Es ist nur auf der Oberseite mit einer originalen alten Oberfläche erhalten und auf allen anderen Flächen gebrochen. Es kann sich hier entweder um ein Geröllfragment oder um einen Teil der ehemaligen Höhlenwand handeln, wobei wir die zweite Hypothese bevorzugen. Die Oberseite des Steines ist zu weiten Teilen mit feinen parallelen Ritzlinien verziert, im Zentrum aber durch rezente Schrammen überprägt. Zwei Drittel der Oberfläche sind im Bereich der Ritzungen zusätzlich schwarz eingefärbt. Der gefärbte ist gegen den ungefärbten Teil der Oberfläche klar abgesetzt. Auch wenn für die Herkunft der schwarzen Färbung letztlich dieselben Einschränkungen wie für den schwarzen Stein des Geißenklösterle gelten, spricht die Duplizität der Verzierung (Gravierung und Farbe) sowie die klare Kontur des verzierten Bereiches für einen intentionellen Farbauftrag im Sinne von Malerei. Gleichermaßen gravierte wie gemalte Darstellungen sind im Kontext der franko-kantabrischen Höhlenkunst ein häufiges Phänomen. *Tafel 21*, KAT 78

Vom Hohle Fels ist schließlich ein bemaltes Knochenfragment aus der Magdalénien-Fundschicht Ib zu nennen, das ebenfalls bereits im Zuge der Grabungen Hahns gefunden worden war. Es handelt sich um einen 10 cm langen und 2 bis 3 cm breiten Splitter eines Langknochens, der auf der kompakten Außenseite mit zwei roten Farbflecken verziert ist. Beide roten Flecken sind durch den Bruch des Knochens gekappt. Der größere ovale Fleck in der Mitte des Knochenfragmentes ist 1,8 cm breit und noch 1,8 cm lang. Der zweite, am Rand des Bruchstückes gelegene kleinere Farbfleck ist ebenfalls unvollständig erhalten und noch 1,5 cm lang und 1,2 cm breit. Schlagmarken deuten darauf hin, daß der Knochen nach seiner Bemalung zerschlagen wurde. Im gewählten Untergrund und im Motiv liegt hier ein einzigartiges Kleinkunstwerk vor, das in der Eiszeitkunst des süddeutsch-schweizerischen Jura keine Parallelen hat. *Tafel 22*, KAT 79

Neben dem Hohle Fels bei Schelklingen hat vor allem eine Höhlenfundstelle im heutigen Bayern wichtige Beispiele magdalénienzeitlicher Malerei geliefert: die Obere Klause im Altmühltal. Ein besonders spektakuläres Objekt, das große Ähnlichkeiten zum 1998 gefundenen bemalten Stein des Hohle Fels zeigt, ist eine bereits 1912 von M. Fraunholz gefundene, 16 cm lange flache Kalksteinplatte aus Weißjuraplattenkalk, die drei Doppelreihen roter Punkte trägt (Bosinski 1982). Es sind jeweils zwei mal sieben aneinandergereihte Punkte dargestellt. Mindestens drei zwar weniger spektakuläre, formal aber sehr ähnliche Stücke (Freund 1963; Bosinski 1982) fanden sich bei den Grabungen Hugo Obermaiers in der sogenannten 4. Fundschicht gemeinsam mit Harpunen, Lochstäben und Nadeln. Damit sind diese Funde aller Wahrscheinlichkeit nach in das Magdalénien zu stellen (Bosinski 1982). Bei einer Einsichtnahme im Magazin der prähistorischen Staatssammlung München fielen uns zwei weitere bemalte Objekte auf: eine ca. 6 mal 3 cm große, leicht gebogene Kalksteinplatte mit zwei gekappten Reihen roter Punkte (Inv. Nr. 1957.313) sowie ein 12 cm langer Stein aus grauem Massenkalk in der Form eines Retuscheurs, der drei quer angebrachte verwaschene rote Farbbänder trägt (Inv. Nr. 1957.514). Mit diesen beiden Stücken erhöht sich die Anzahl der bemalten Kleinkunstwerke aus der Oberen Klause auf sechs. In der Darstellungsweise, im Farbton und in der Art des Auftrages zeigen die bemalten Objekte der Oberen Klause auffällige Ähnlichkeiten zu denen des Hohle Fels. Die Übereinstimmungen weisen auf gemeinsame künstlerische Traditionen der Träger dieser mehr als 100 km entfernten Magdalénienfundstellen hin. Als weiteres Argument des Kontaktes muß hier auf das Vorkommen von bayerischem Plattenhornstein im Magdalénien des Hohle Fels hingewiesen werden, der aus demselben Gebiet stammt, in dem sich auch das Altmühltal und die Obere Klause befinden (Burkert u. Floss 1999).

*Tafel* 23, KAT 84

## Malerei vom Ende der letzten Eiszeit

Chronologisch folgt auf das Magdalénien das Spätpaläolithikum. Aus dem Süddeutschen, Schweizer und Französischen Jura kennen wir aus diesem Zeitabschnitt eine ganze Reihe bemalter Objekte. Auf Grund alter Ausgrabungen mit Vermischungen des Fundmaterials, vor allem aber auch eines reell zu verzeichnenden kontinuierlichen Überganges zwischen spätem Magdalénien und Spätpaläolithikum ergibt sich eine unscharfe Trennlinie dieser beiden kulturellen und chronologischen Abschnitte. Aus diesem Grunde wollen wir hier eine Gruppe bemalter Objekte vom Ende der letzten Eiszeit bilden, die überwiegend in einen spätpaläolithischen Kontext zu stellen sind, zum Teil aber auch in ein ausgehendes Magdalénien gehören bzw. gehören können.

*Tafel* 23, KAT 80

In diesem Zusammenhang muß zunächst ein rot bemaltes Geröll genannt werden, das von E. u. W. Soergel 1923 in der „Nagetierschicht“ der Kleinen Scheuer im Hohlenstein, unmittelbar benachbart des Stadels, gefunden wurde (Hahn u. v. Koenigswald 1977). Das annähernd 10 cm lange flache Kalkgeröll trägt insgesamt vier feine Doppelreihen aus rotem Ocker, die sich jeweils aus aneinandergereihten, sehr kleinen Tupfen zusammensetzen. Chemische Analysen der Farbreste mußten auf Grund eines Lacküberzuges des Stückes erfolglos eingestellt werden. Es ist aus Gründen der frühzeitig erfolgten Grabung und der verschollenen Begleitfunde nicht klar, ob das Objekt aus der magdalénienzeitlichen Schicht III oder aus der spätpaläolithischen Schicht IIb stammt. Stilistisch steht das Geröll vergleichbaren Objekten aus dem Azilien näher als solchen des Magdalénien. Andererseits favorisieren die kaltzeitlichen Kleinsäugerreste der Schichten III und auch noch IIb eine Einstufung in einen älteren Teil des Spätglazials.

KAT 81

Die wohl wichtigste Fundstelle des Jura mit Malerei aus dem Spätglazial ist die Höhle Birseck-Ermitage in Arlesheim, nur wenige Kilometer südlich von Basel (Schweiz). Die Fundstelle wurde bereits zu Beginn des 20. Jahrhunderts von Fritz Sarasin untersucht. Es konnten zwei Fundhorizonte der Altsteinzeit freigelegt werden. Die untere Schicht gehört in das Magdalénien, die obere in das Spätpaläolithikum. Leider wurden Funde beider Schichten durch Störungen und im Zuge der Grabungen vermischt. Lange verschollene und erst 1995 wiederentdeckte Grabungstagebücher erlauben es nun Jürg Sedlmeier, die Objekte aus Birseck besser als bislang den verschiedenen Schichten zuweisen zu können. Die herausragenden Entdeckungen der Grabung Sarasins sind 273 Fragmente flacher Kalksteingerölle, die zu einem Großteil mit roten Streifen und Punkten verziert sind (Sarasin 1918; Sedlmeier 1998). Aus einem Vergleich der Abbildung der bemalten Kiesel aus der Fundvorlage von 1918 und dem heutigen Zustand der Stücke wird deutlich, daß die Farbreste seit ihrer Entdeckung stark verblichen sind. Es ist ein interessantes Detail, daß die Kiesel unmittelbar nach ihrer Bemalung absichtlich zerschlagen wurden (Sedlmeier 1998). Dies läßt sich an typischen Schlagmarken und an Hand von Zusammensetzungen einzelner Fragmente rekonstruieren. Trotz der teils unklaren Schichtzuweisungen datieren die bemalten Kiesel aus Birseck-Ermitage aller Wahrscheinlichkeit nach in das Spätpaläolithikum.

Erstaunliche Ähnlichkeiten bestehen zu den bemalten Kieseln aus Mas d'Azil in den Pyrenäen sowie aus der Fundstelle Rochedane unweit von Montbéliard (Département Doubs, Frankreich) (A. Thévenin 1982). Die hier vorkommenden insgesamt 77 gravierten und 122 bemalten Gerölle stammen zum Teil aus dem Schichtkomplex D1–D2, der auf Grund neuerer Untersuchungen zur Fauna und zu den Steinartefakten in ein Rückenspitzen führendes Spätmagdalénien des Bölling gestellt wird (David et al. 1998). Ein Großteil der bemalten Gerölle aus Rochedane wurde allerdings außerhalb der Stratigraphie gefunden, womit auch ihre Datierung in das Spätpaläolithikum („Azilien") im Rahmen des Möglichen bleibt.

## Höhlenmalerei in Süddeutschland?

Einige der aurignacien- und magdalénienzeitlichen Beispiele von Malerei haben in der Vergangenheit die Diskussion um die Existenz von Höhlenkunst in Süddeutschland entfacht. Insbesondere die Aufreihung roter Punkte findet Entsprechungen in der Höhlenkunst des franko-kantabrischen Raumes, zum Beispiel in El Castillo (Nordspanien) (J. Clottes u. D. Lewis-Williams 1997) oder Niaux (Dép. Ariège) (J. Clottes 1995), um hier nur zwei prominente Beispiele zu nennen. Mit dem häufigen Vorkommen von Höhlen und Felsüberhängen zählt der Jura zu den Gebieten, in denen man Höhlen- und Felskunst durchaus erwarten darf. Die intensive jungpaläolithische Besiedlung, aus der zahlreiche Kleinkunstwerke hervorgegangen sind, deutet ebenfalls auf die mögliche Existenz von Höhlenkunst. Die Voraussetzungen für ihre Anwesenheit in der Region sind also gegeben, bliebe aber ihre reelle Existenz noch zu belegen.

Die darum geführte Diskussion ist mehr als 60 Jahre alt. So glaubte man bereits in den 30er Jahren des 20. Jahrhunderts, erste Hinweise auf gravierte Höhlenkunst in Süddeutschland gefunden zu haben. F. Birkner (1938) veröffentlichte die Gravierung eines Cerviden vom Kleinen Schulerloch im Altmühltal und A. Bohmers (1939) eine weitere Tiergravierung von der unweiten Kastlhänghöhle. Beide Darstellungen hielten aber späteren Nachprüfungen nicht stand oder erwiesen sich als jünger (Bosinski 1982). Die ersten ernsthaften Beiträge zur Diskussion um Höhlenkunst in Südwestdeutschland lieferten zweifelsohne die in den 70er Jahren begonnenen Arbeiten Hahns im Geißenklösterle und im Hohle Fels im Achtal. Über die Interpretation des schwarzen Steins aus dem Aurignacien des Geißenklösterles wurde bereits gesprochen. Auch zur Diskussion um die „gravierten Bärenschliffe" aus dem Hohle Fels sei hier, da nicht zum Thema Malerei gehörig, auf andere Arbeiten verwiesen (s. zuletzt Conard u. Floss 1999). Die in den jung- und endpleistozänen Sedimenten in großen Mengen gefundenen, von den Höhlenwänden abgeplatzten Frostscherben liefern aber auf jeden Fall den wichtigen Hinweis, daß am Ende des Jungpaläolithikums ein Großteil der Wandteile bereits durch klimatische Einflüsse abgeplatzt war. Dadurch sind die Erhaltungsbedingungen von Wandkunst *in situ* erheblich einschränkt.

Einen neuen möglichen Hinweis für das Vorliegen von Höhlenkunst im Jungpaläolithikum Südwestdeutschlands lieferte der 1998 entdeckte bemalte Stein vom Hohle Fels bei Schelklingen. Ein Argument für Wandkunst wurde in dem Umstand gesehen, daß die Rohmaterialien des Steines und der Höhlenwände des Hohle Fels identisch sind (Conard u. Floss 1999). Hier könnte freilich als Gegenargument angeführt werden, daß letztlich alle nur denkbaren Steine, zum Beispiel auch Gerölle der Ach, aus demselben Kalkstein des allgegenwärtigen Oberen Jura bestehen können, aus dem auch die Wände der regionalen Höhlen sind. Der fragmentarische Erhaltungszustand des Kalksteinstückes und mit ihm der Malerei wurde als Argument für eine ehemals größere Ausdehnung der Darstellung im Stile von Höhlenkunst angeführt. Auch hier ließe sich aber einwenden, daß gerade gemalte Kleinkunstwerke, wie gezeigt, oft intentionell zerschlagen wurden, also meist in unvollständigem Zustand vorliegen. Im Resümee kann damit der Beweis, daß der Farbauftrag des bemalten Steins vom Hohle Fels vor und nicht erst nach dem Abplatzen des Stückes erfolgte, nicht erbracht werden. Die frappierenden technologischen und stilistischen Ähnlichkeiten des Artefaktes mit der verzierten Kalksteinplatte von der Oberen Klause, die ein Kleinkunstwerk ist, sprechen dafür, daß der bemalte Stein des Hohle Fels ebenfalls ein Kleinkunstwerk darstellt. In der Höhlenkunst auftretende, aufgereihte Punkte sind zudem meist deutlich größer. Andererseits zeigen einige in der jungpaläolithischen Wandkunst vorkommende Punktreihen, zum Beispiel die aus El Castillo, in ihrer Anordnung sehr deutliche Ähnlichkeiten zum bemalten Stein vom Hohle Fels. Beide Möglichkeiten, Höhlen- und Kleinkunst, sind also letztlich denkbar.

*Tafel 21*, KAT 76

Auch das 1977 gefundene gravierte und bemalte Kalksteinstück aus der Schicht IIa des Hohle Fels kann als Hinweis auf Höhlenkunst im Magdalénien Südwestdeutschlands herangezogen werden, da eine derartige Verzierungstechnik ausschließlich aus der paläolithischen Wandkunst, nicht aber aus der Kleinkunst bekannt ist. Unserer Auffassung nach wurde dieses außergewöhnliche, aber über knapp 25 Jahre hinweg vernachlässigte Kunstwerk in seiner Bedeutung weit unterschätzt. Wir sehen in ihm einen der bislang wichtigsten Hinweise auf die Existenz von Höhlenmalerei im Jungpaläolithikum der Schwäbischen Alb.

*Tafel 21*, KAT 78

## Ansätze zur Deutung der Malerei im Jura

Wir maßen uns nicht an, eindeutige Erklärungen zur Bedeutung der Malerei im Jungpaläolithikum des Jura anzubieten. Dazu sind die Hinweise zu spärlich und der Kontext ist auf Grund alter Grabungen oft unklar. Monokausale Erklärungsansätze sind angesichts der vielfältigen Möglichkeiten der Funktion von Kunst und Malerei ohnehin abzulehnen. Malerei spielt sowohl in der Höhlen- als auch der Kleinkunst des europäischen Jung- und Spätpaläolithi-

kums eine bedeutende Rolle. Dabei hat es den Anschein, als sei am Ende der letzten Eiszeit mit den bemalten Steinen des ausgehenden Magdalénien und des Azilien eine gewisse Hinwendung zum Gebrauch von Farbe für die Kleinkunst zu beobachten. Aus der Malerei des schweizerischen und süddeutschen Jungpaläolithikums kennen wir ausschließlich fragmentarische und/oder geometrische, aber keine figürlichen Darstellungen. Geometrische Darstellungen werden im Zusammenhang mit der Höhlenkunst oft auch als „Zeichen" gedeutet, die gemeinsam mit figürlichen Darstellungen von eiszeitlichen Tieren und seltener auch von Menschen auftreten können. Versuche, diese „Zeichen" sinnvoll zu gruppieren, zum Beispiel in ein männliches und ein weibliches Prinzip (Leroi-Gourhan 1965), gelten heute als überholt. Mehrere Arbeiten (Couraud 1985; Thévenin 1989; d'Errico 1994) haben sich in systematischer Weise mit der gravierten und gemalten Kunst des Spätpaläolithikums („Azilien") auseinandergesetzt, ohne daß bei allen wichtigen Beobachtungen zur Technologie oder Verbreitung befriedigende Antworten zu ihrer Bedeutung gegeben worden wären.
Was waren also die auf Höhlenwänden und Steinen angebrachten Muster, Punkte und Linien? Simple Dekoration? Wohl kaum. Aufzählungen? Ebenfalls unwahrscheinlich. Träger konkreter Nachrichten und Botschaften? Vielleicht sogar eine Vorform von Schrift? Nicht auszuschließen, denkbar, aber schwer zu belegen. Auffällig ist die deutliche Dominanz der roten Farbe. Rot wird im allgemeinen mit Empfindungen, Zuständen und Dingen wie Aktivität, Dynamik, Gefahr, Blut, Wärme, Aggressivität, Leidenschaft und Liebe in Verbindung gebracht. Rot erhöht bei Testpersonen Puls, Blutdruck und Atemfrequenz. Doch ist es wirklich angebracht, Erklärungen aus dem Bereich der Farbpsychologie zu Rate zu ziehen? Liegt das vorherrschende Auftreten roter Farbe nicht vielmehr an ihrer besonders guten Verfügbarkeit in der Natur sowie der mangelnden Erhaltung organischer Farbstoffe? Und sind die im Fundgut erhaltenen Erdfarben wirklich mit den Rottönen gleichzusetzen, die in der Farbpsychologie Anwendung finden?
Interessant ist die besonders in Birseck-Ermitage und auch anderenorts gemachte Beobachtung des Zerschlagens der bemalten Steine und Gerölle, belegt an Hand von Schlagmarken und Zusammensetzungen. Eine genaue Erklärung dafür kennen wir nicht, doch ist es denkbar, daß die bemalten Kiesel Nachrichtenträger darstellten, die nach der Vermittlung der Information zerstört wurden. Aber von wem? Und wann? Nach Beendigung einer Zeremonie, einer schamanistischen Handlung? Beim Verlassen der Fundstelle? Oder von neuen Bewohnern, die sich mit den zurückgebliebenen bemalten Steinen und ihrer möglichen Botschaft nun gar nicht identifizieren wollten?

Ein Stichwort ist gefallen: der Schamanismus. Er wurde immer wieder als Erklärung für bestimmte Darstellungen und Ensembles der paläolithischen Kunst herangezogen, und zwar nicht erst in jüngster Zeit (Clottes u. Lewis-Williams 1997), sondern bereits in länger zurückliegenden Phasen der Urgeschichtsforschung (z. B. Kirchner 1952). Wir wollen hier angesichts eines gesonderten Beitrages zu diesem Thema in dieser Publikation nur kurz auf das Thema Schamanismus eingehen. Es ist relativ geläufig, bestimmte figürliche Darstellungen der paläolithischen Wandkunst mit Schamanismus in Verbindung zu bringen, man denke hier nur an die „Mischwesen", Vogeldarstellungen auf Stäben, die „Zauberer mit Geweihmasken", zum Beispiel aus Les Trois Frères oder an die „Schachtszene aus Lascaux", welche die genannten Darstellungsthemen exemplarisch vereint. Weniger beachtet war demgegenüber der Versuch, auch die „Zeichen" der paläolithischen Kunst mit Schamanismus zu erklären (Lewis-Williams u. Dowson 1988). Nach diesem neuropsychologischen An-

Bemalter Stein,
Hohle Fels
KAT 76

Schwarz bemalter,
gravierter Stein,
Hohle Fels
KAT 78

Bemaltes Dolomitgeröll,
Hohle Fels
KAT 77

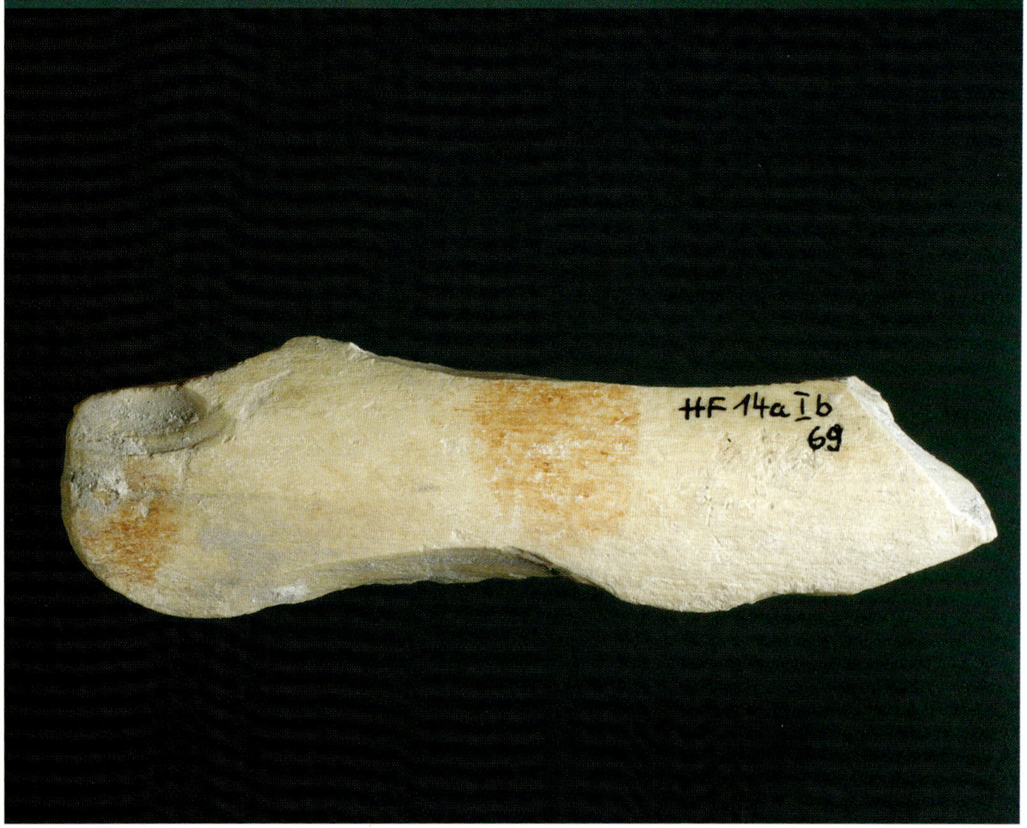


Bemaltes Knochenfragment,
Hohle Fels
KAT 79

satz repräsentierten diese Zeichen ein erstes Stadium von mit schamanistischen Aktivitäten verbundenen Trancezuständen, in denen man reelle Bilder in Form von Punkten, Strichen, Mäandern, Zickzacklinien und ähnlichem „vor
36 Augen“, besser gesagt „im Auge“ hat, also „sieht“. Diese in veränderten Bewußtseinszuständen gesehenen Bilder werden auch „Entoptische Bildmuster“ genannt. Sehr ähnliche Phänomene entstehen im Versuch, die Augen von Ver- 37
suchspersonen durch Elektrodenreize anzuregen. Dabei entstehen innere Lichterscheinungen, die „Endogene Bildmuster“ genannt werden (Bader et al. 1999).

Auch wenn man sich vor simplen Analogieschlüssen hüten sollte, sind die Ähnlichkeiten der beschriebenen entoptischen bzw. auch endogenen Bildmuster mit einigen

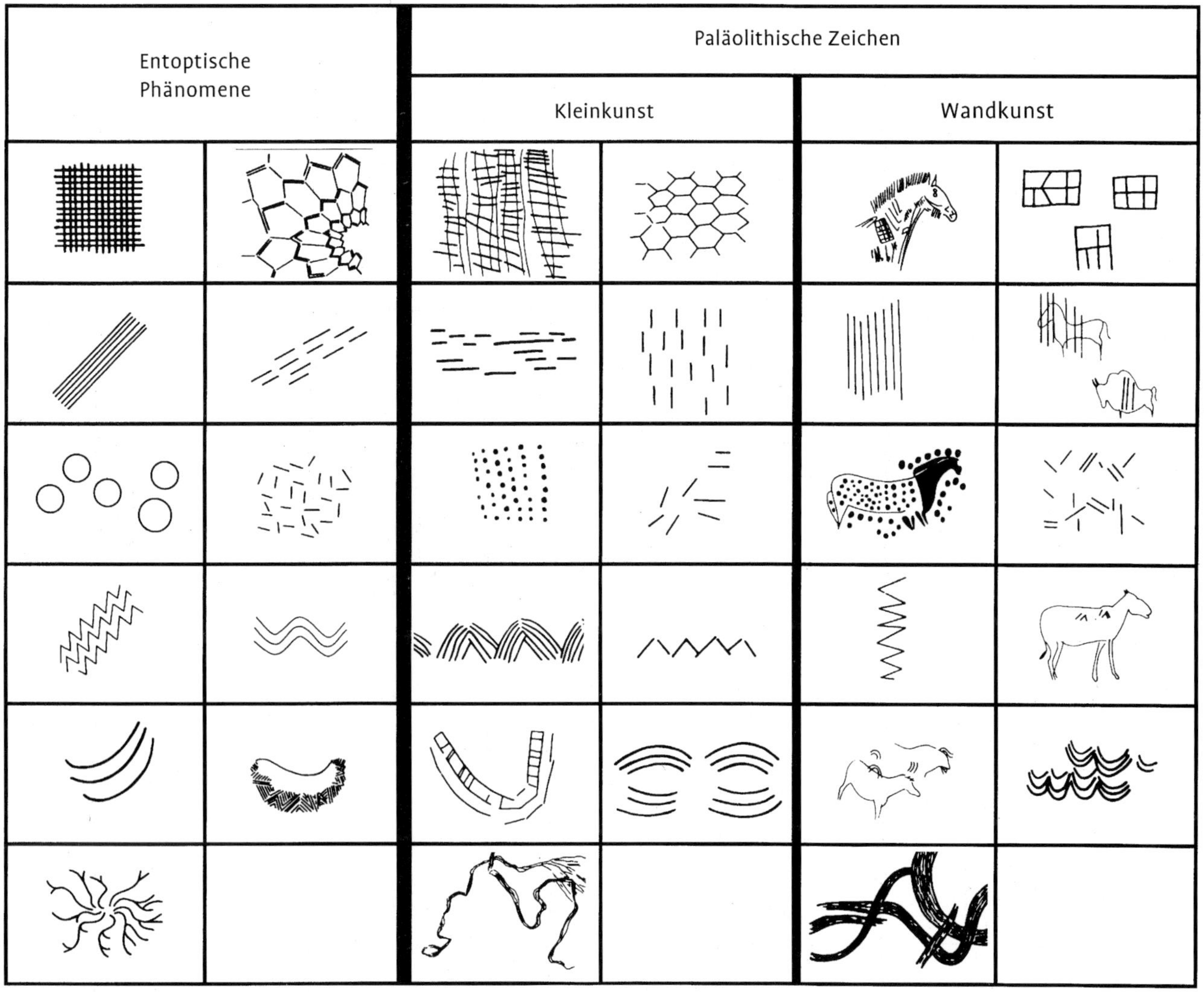


**36** Vergleich „Entoptischer Phänomene“ mit sogenannten Zeichen der paläolithischen Klein und Höhlenkunst (n. J.D. Lewis-Williams u. T.A. Dowson 1988, verändert)

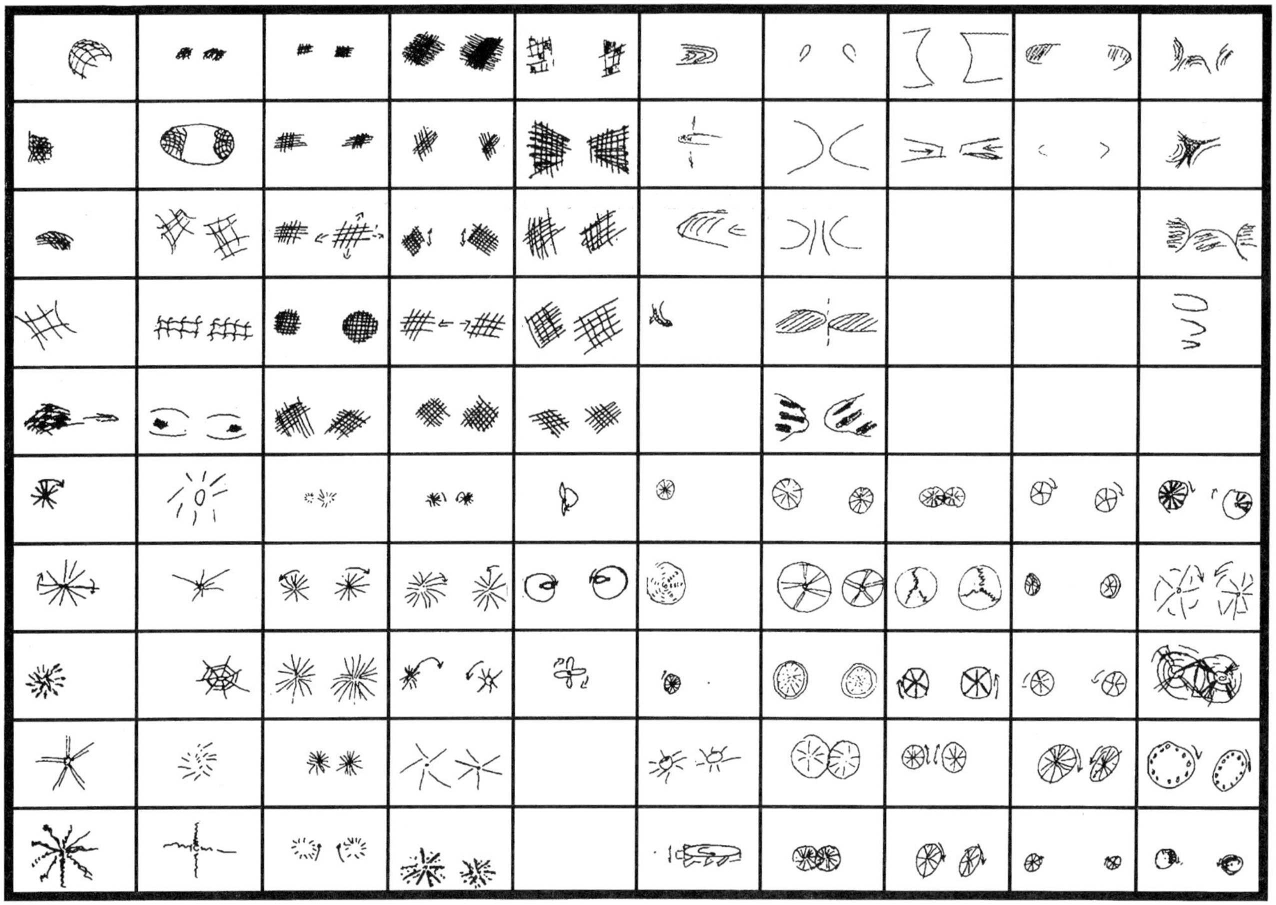

**37** „Endogene Bildmuster" (n.R. Bader et al. (Hrsg.) 1993, 47, verändert)

„Zeichen" der paläolithischen Höhlenkunst, vor allem aber auch der geometrischen Kleinkunst des Spätpaläolithikums sehr auffällig. Besondere Ähnlichkeiten bestehen zwischen bestimmten Formen endogener Bildmuster und den bemalten Kieseln des Azilien (vgl. Couraud 1985). Ob natürlich die für die Höhlenkunst postulierte Erklärung eines Teiles der „Zeichen" in Trancezuständen des Schamanismus auch auf simple bemalte Steine des ausgehenden Paläolithikums zu übertragen ist, bleibt fraglich. Man mag hier einwenden, daß die am Ende der letzten Eiszeit eintretenden Klima- und Umweltveränderungen auch entscheidende Änderungen in der Vorstellungswelt der Menschen mit sich gebracht haben könnten. Andererseits ist im ethnologischen Vergleich der Schamanismus ein in den unterschiedlichsten Biotopen, Gesellschafts- und Wirtschaftsformen beobachtetes Phänomen. Zudem scheinen die in mehreren mesolithischen Fundstellen vorkommenden „Hirschgeweihmasken" auch auf die Existenz von Schamanismus bei den nach-paläolithischen Jägern der Mittelsteinzeit hinzuweisen. Ein anderer Ansatz besteht im Vergleich bestimmter „Zeichen" der paläolithischen Kunst mit den „Tschuringas" der australischen Aborigines

(Leroi-Gourhan 1984). Tschuringas sind runde bis ovale Scheiben aus Holz oder Stein, die mit geometrischen Mustern wie Spiralen, Punktreihen, Kreisen, parallelen Linien und ähnlichem verziert werden. Diese Symbole stellen verschlüsselte Botschaften aus der mythischen Vorzeit der Aborigines, der „Traumzeit“ dar. Die damit verzierten Steine und Hölzer spielen bei gemeinsam abgehaltenen mythischen Erzählungen eine im wörtlichen Sinne zentrale Rolle, da sie im Zentrum der Zusammentreffen positioniert werden. So ist es durchaus denkbar, die geometrisch bemalten und gravierten Steine und Kiesel des Spätpaläolithikums im Rahmen kollektiver Zeremonien oder Riten eingesetzt zu sehen.

Definitive Antworten auf die Frage der Deutung der bemalten Objekte aus dem Jura haben wir also nicht, dennoch sollte man sich, über ihre reine Beschreibung hinaus, nicht scheuen, Erklärungsversuche zu unternehmen.

## Zusammenfassung

Im süddeutsch-schweizerischen Jura kennen wir insgesamt annähernd 300 bemalte Objekte der Altsteinzeit: eines, vielleicht zwei aus dem Aurignacien, mindestens 14 aus dem Magdalénien und den weitaus überwiegenden Rest aus dem Spätpaläolithikum, vor allem aus Birseck-Ermitage. In jedem Fall ist ab dem Spätmagdalénien eine deutliche Zunahme bemalter Objekte zu verzeichnen, die mit einer Einbeziehung der 122 bemalten Kiesel der ostfranzösischen Jura-Fundstelle Rochedane noch verstärkt würde.

Süddeutschland und die Schweiz zeichnen sich im Vergleich zu anderen wichtigen Fundregionen Mitteleuropas durch ein relativ häufiges Vorkommen paläolithischer Malerei aus. In anderen wichtigen Zentren der jungpaläolithischen Besiedlung wie dem Rheinland, dem Thüringer Becken, in Mähren oder Niederösterreich ist Malerei als Ausdrucksmittel paläolithischer Kunst unbekannt. In diesen Regionen stehen andere Darstellungsformen im Vordergrund, man denke hier nur an die Tier- und Menschenskulpturen aus dem Gravettien Mährens oder an die gravierten Schieferplatten aus den rheinischen Magdalénienstationen Gönnersdorf und Andernach. Wie keine andere Fundkategorie ist die Überlieferung von Malerei aber auch von besonderen Erhaltungsbedingungen abhängig. Gravierungen in Stein oder Skulpturen haben vergleichsweise bessere Chancen, über die Jahrtausende ihrer Einlagerung hinweg erhalten zu bleiben. So sind wir der Überzeugung, mit der vorliegenden Anzahl von Beispielen der Malerei in gewisser Weise nur den „Gipfel eines Eisberges“ zu erfassen. In den kommenden Jahren werden die Grabungen in den wichtigen Fundstellen Geißenklösterle und Hohle Fels auf der Schwäbischen Alb seitens des Tübinger Institutes für Ur- und Frühgeschichte und Archäologie des Mittelalters fortgesetzt. Beide Höhlenfundstellen haben bislang bereits zahlreiche Kunstwerke des Eiszeitalters, unter anderem auch Malerei, hervorgebracht. Wir verleihen somit unserer Hoffnung Ausdruck, daß uns auch zukünftig die Entdeckung eiszeitlicher Kunstwerke gelingen möge, so wie es in den zurückliegenden Jahren glücklicherweise der Fall war.

# Musik und Tanz

*Mit dem Erscheinen des anatomisch modernen Menschen, dem Homo sapiens sapiens, in Europa sind erstmals sichere archäologische Zeugnisse musikalischen Schaffens belegt. Hierbei stehen Instrumente der einfachen Klangerzeugung neben solchen, die auch kompliziertere, absichtsvoll organisierte Klangfolgen zulassen.*

Mit ihren Untersuchungen versucht die Archäologie den ehemaligen Sinn des gefundenen Gegenstandes zu ergründen und die materiellen Relikte zurückzuführen in ihr ursprüngliches Geflecht von Beziehungen dynamischer Lebenszusammenhänge. Wendet sie sich mit Fragen zur Musikgeschichte den archäologischen Quellen zu, so stößt die urgeschichtliche Archäologie sehr schnell an Grenzen. Sind uns aus den historischen Epochen sowohl Kompositionen als auch Musikinstrumente überliefert, so fallen bei den urgeschichtlichen Bodenfunden erstere als Quellen aus. Die Datenbasis der urgeschichtlichen Musikforschung ist somit ausschließlich das gefundene Objekt.

## Erhaltung und Funktion urgeschichtlicher Musikinstrumente

Steinzeitliche Klanginstrumente wurden in der Vergangenheit zwar immer wieder beschrieben (z.B. Betz 1995; Brade 1975, Häusler 1960, Seewald 1934), sind aber im archäologischen Fundgut nur selten nachzuweisen. Erklären läßt sich dieser Umstand unter anderem damit, daß Musikinstrumente im Vergleich zum alltäglichen Werkzeugbestand, wie auch heutzutage, weniger häufig gewesen sein dürften. Weiterhin ist zu erwarten, daß Klanggeräte oder Musikinstrumente aus leicht vergänglichem Material aus den ältesten Perioden der Musikgeschichte überhaupt nicht überliefert sind. Selbst Instrumente aus resistenterem Material, wie Knochen oder Geweih, liegen in der Regel nur in Fragmenten vor. Somit ist die Qualität der archäologischen Quelle abhängig vom Erhaltungszustand des einzelnen Instrumentes und dieser wiederum von zufälligen Erhaltungsbedingungen. Für die eiszeitlichen Jäger und Sammler ist mit einem Nebeneinander verschiedenster Klanginstrumente zu rechnen, deren Variationsbreite sicherlich über die bis jetzt bekannten Funde hinausgegangen ist.

Die Funktion des urgeschichtlichen Musikinstrumentes kann in der Regel nur mit einer Rekonstruktion erprobt werden (z.B. Käfer 1998; Seeberger 1998). Hieraus ergibt sich jedoch der notwendige Schluß, daß die rekonstruierten Klangergebnisse lediglich bedingt etwas über die Klangvorstellungen vergangener Kulturen oder einzelner prähistorischer Personen aussagen. Denn wie etwa sollte der Archäologe belegen können, wie zum Beispiel die von ihm rekonstruierte Flöte aus dem Geißenklösterle bei Blaubeuren (Alb-Donau-Kreis) vor ca. 38 000 Jahren gespielt wurde? Mit welchem Mundstück, mit welcher Neigung

*Tafel 24,* KAT 85

zum Luftstrom, mit welchem Anblasdruck? Wurde der Tonumfang dieses Instrumente in seinen ganzen Möglichkeiten genutzt oder nur selektiv?

Der Anwendungsbereich der als Musikinstrumente gedeuteten Bodenfunde wird uns in der Regel für urgeschichtliche Epochen verborgen bleiben. Es ist jedoch anzunehmen, daß wie bei uns heute lebenden Menschen die Musik auch bei unseren prähistorischen Vorfahren im Eiszeitalter einen zentralen Bereich ihres schöpferischen Schaffens eingenommen hat.

Die überlieferten szenischen Darstellungen tanzender
KAT 39;58 Frauenfiguren auf den zahlreichen gravierten Schieferplatten des Magdalénien-Fundplatzes Gönnersdorf oder
KAT 62 auf einem gravierten Knochenstab vom Petersfels, aber auch Abbildungen möglicherweise mimischer Darbietungen wie beim „gehörnten Wesen" von Trois Frères (Frank- 38 KAT 86
reich), lassen vermuten, daß hier Zeremonien auch über einen alltäglichen unterhaltenden Musikgebrauch hinaus mit musikalischer Begleitung veranstaltet wurden. Daneben wären aber für einige der unten aufgeführten Instrumente sicherlich auch Funktionen wie das Übermitteln von Signalen, wie etwa bei einem Jagdhorn, oder als Jagdmittel (Lockmittel) denkbar.

**38** „Gehörntes Wesen" von Trois Frères KAT 86

Welchen Stellenwert das aus heutiger Sicht möglicherweise profane Klanginstrument für den steinzeitlichen Benutzer in dessen realer Lebewelt beinhaltet hat, können wir nur vermuten. So ist im eurasischen Schamanismus die Trommel auch heute eines der wichtigsten Geräte zur Kontaktherstellung zu jenem anderen parallel existierenden Universum(s.S. 95ff), um hier Unterstützung für die diesseitigen menschlichen Belange zu erwirken. Es bleibt zu erwägen, ob auch vom prähistorischen Menschen Instrumente als Träger oder Vermittler außermenschlicher Kräfte und Bezüge angesehen wurden.

Suchen wir für die eiszeitlichen Musikinstrumente Vergleichsmöglichkeiten bei heutigen Jägern und Sammlern, so bieten sich hier die Inuit (Eskimo) an (Hahn 1994). Sie sind ähnlichen Lebensbedingungen unterworfen, wie es die jungpaläolithischen Eiszeitjäger waren, und leben als Jäger und Sammler unter extremen Klimabedingungen von Grönland über Alaska bis an die Küsten Asiens. Die Inuit verfügen über einen reichen Schatz an Klanginstrumenten, der von Trommeln bzw. Tamburinen und Schwirrhölzern bis zu Klappern und Rasseln reicht. Blasinstrumente finden hingegen selten und nur bei rituellen Handlungen Verwendung. Das Benutzen von Jagdpfeifen zur Signalübermittlung oder als Lockmittel ist nicht bekannt. Hervorzuheben ist, daß die wichtigsten Ausdrucksformen ihrer Musikalität der Gesang und der Tanz sind (Himmelheber 1953). Für uns Archäologen zeigt dieses Beispiel, daß spätere Generationen, lägen ihnen nur Bodenfunde und keine modernen Ton- und Bilddokumente vor, auf den wesentlichen Teil des musikalischen Schaffens der Inuit verzichten müßten.

Hervorzuheben bleibt, daß die Musik wie unter anderem auch die Sprache prägende Bestandteile der unterschiedlichen Kulturen sind. Beide werden schon in der Kindheit vermittelt. Heutige Definitionen, Beschreibungen und Erklärungsversuche steinzeitlicher Funde finden jedoch aus unserer modernen, abendländischen Wirklichkeit und Tradition heraus statt. Wir blicken gewissermaßen durch ein aus unseren Erfahrungen geprägtes Wahrnehmungsraster auf die musikalische Vergangenheit und versuchen, diese mit zufälligen und noch dazu seltenen archäologischen Funden zu beleben.

### Perkussionsinstrumente

Bei den ältesten Musikinstrumenten dürfte es sich um alltägliche, den eiszeitlichen Menschen umgebende Objekte oder um Gebrauchsgegenstände gehandelt haben. So ist an Steine und Hölzer zur Erzeugung von Klängen zu denken, die das einfache „In-die-Hände-klatschen“ vertreten und den Bewegungs- oder Erzählrhythmus einer Darbietung verstärken sollten. Es wird aber auch davon ausgegangen, daß feste Gegenstände wie Tropfsteine mit ihren Eigenschaften als Klangkörper genutzt wurden (Dauvois 1994).

Ein einfaches aus der Zeit der Eiszeitjäger überliefertes Lautinstrument stellt der „Schraper“ dar. Als Schraper werden
KAT 87 Objekte bezeichnet, deren gekerbte oder gezahnte Oberfläche beim Darüberstreichen mit anderen harten Gegenständen ein ratschendes, kratzendes Geräusch produziert. Hierdurch können rhythmische Perkussionsgeräusche erzeugt werden.

Eine derartige Deutung urgeschichtlicher Funde ist nicht immer unumstritten, und so werden diese Objekte auch als Schmuckelemente oder „Zählstäbe“ interpretiert (z. B. Müller-Beck u. Albrecht 1987). Beobachtungen bei Wildbeutern unserer jüngeren Vergangenheit zeigen jedoch, daß sie durchaus auch zu den Klanginstrumenten gerechnet werden könnten. So fanden Schraper bei Ritualen der nordamerikanischen „Huichol“ in der Nacht vor dem Aufbruch zur Jagd Verwendung (Seewald 1934). Im archäologischen Befund treten diese zumeist aus Knochen oder Geweih gefertigten „Instrumente“ immer wieder auf. So ist dieser „Instrumententyp“ im Aurignacien des Geißenklösterle (Blaubeuren, Alb-Donau-Kreis) als bandförmiges Geweihstäbchen (Hahn 1992), möglicherweise aber auch mit der gekerbten Ulna eines Kolkraben vertreten (Hahn u. Münzel 1995). Klar geschnittene Riefen weist ein Wolfsknochen des Gravettiens von Dolní Věstonice (Tschechien) auf. Insbesondere bei diesem Stück ohne ornamentales Beiwerk erscheint eine Deutung als Lautinstrument gerechtfertigt. Aus dem Magdalénien der Brillenhöhle (Blaubeuren, Alb-Donau-Kreis) stammen gekerbte Elfenbein- KAT 87
bänder, denen ein schmückender Charakter nicht abgesprochen werden kann. Der Ausgräber Gustav Riek deutete diese Funde als Bestandteil der Haartracht (Riek 1973). Die genaue Funktion dieser Objekte ist letztendlich unklar, und ein multifunktionaler Charakter kann nicht ausgeschlossen werden.

Aus dem süddeutschen Jura ist ein Fund bekannt, der möglicherweise auf die Benutzung von Trommeln durch eiszeitliche Wildbeuter hinweist. Die Magdalénien-Fundschicht IV der Brillenhöhle bei Blaubeuren beinhaltete ein ca. 20 cm langes Rentiergeweihstück, das Riek als Trom- 39 KAT 88
melschlegel beschrieb (Riek 1973). Form und abgerunde-

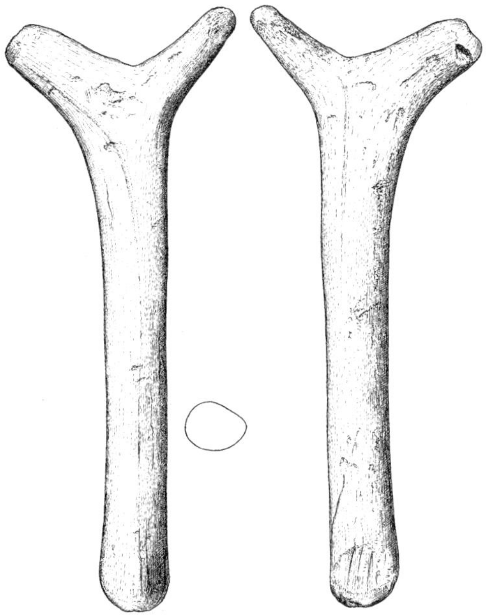

**39** Trommelschlägel(?) aus Rentiergeweih, Brillenhöhle KAT 88

te Enden des Rentiergeweihstückes erinnern an den Trommelschlegel eines lappischen Schamanen. Schon Schefferus, deutscher Gelehrter der Philosophie und Altertumsforschung, bildete 1673 in seiner berühmten „Lapponia“ einen trommelnden Schamanen ab, dessen typisch T-förmiger Rengeweih-Trommelschlegel ähnliche Winkel bildet wie das Stück aus der Brillenhöhle. KAT 89

## Schwirrgeräte

Schwirrgeräte sind aus der Ethnographie schon seit langem bekannt. Es handelt sich bei ihnen zumeist um flache, lanzettförmige Instrumente aus Holz oder Knochen, an deren einem Ende sich ein Loch befindet. Wird hieran eine Schnur befestigt und das Gerät an dieser durch die Luft gewirbelt, dreht es sich um seine Längsachse. Der so hervorgerufene Brummton variiert in seiner Höhe abhängig von der Geschwindigkeit der Drehung, aber auch von der Größe des Instrumentes.

In Australien treten diese Lautinstrumente als oftmals ornamentierte Holzgeräte unter den sogenannten Seelenhölzern (Tschuringa) auf. Sind diese Tschuringas gelocht und werden sie an einer Schnur geschwungen, entsteht das brummende Geräusch, das als Geisterstimme ausgelegt wird. Schwirrhölzer finden bei den australischen Ureinwohnern in erster Linie bei bestimmten Initiationsriten Verwendung. Auch aus Afrika, Nordamerika und Nordwesteuropa sind diese Geräte bekannt. **40** KAT 90 Hier zählen sie jedoch oftmals zu den Kinderspielzeugen. Neben Belegen aus der Zeit der jungpaläolithischen Eiszeitjäger ist dieses Instrument auch bei den nacheiszeitlichen Jäger- und Sammlergruppen der Mittelsteinzeit (zwischen 10 000 und 7 000 BP) im Gebrauch geblieben (Gramsch 1973). Vereinzelt wird aber auch immer wieder auf mögliche Vorläufer aus dem Mittelpaläolithikum des Neandertalers hingewiesen. Hierzu zählt ein Objekt aus einer Elfenbeinlamelle von Tata in Ungarn. Aus dem Magdalénien aus der Höhle Roche de Birol bei Lalinde (Dép. Dordogne, Frankreich) ist eines der am reichsten verzierten Stücke aus Rentiergeweih überliefert (Ferrier 1971). KAT 91 Das Stück war bei seiner Auffindung in roten Farbpigmenten eingebettet. Diese Beobachtung könnte gegen einen profanen Gebrauch des Instrumentes im Eiszeitalter sprechen. Aus

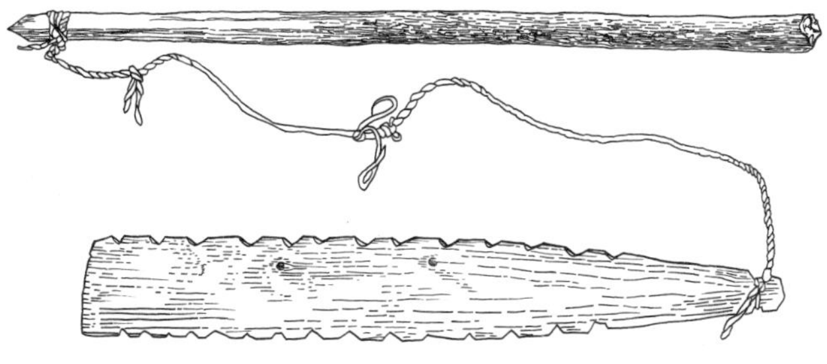

**40** Schwirrgerät nordamerikanischer Indianer, Manitoba KAT 90

dem deutschsprachigen Raum sind jungpaläolithische Vergleichsfunde von Stellmoor bei Ahrensburg (Schleswig-Holstein), aber auch aus dem hier behandelten Jura
41 KAT 92 mit einem Stück vom Vogelherd im Lonetal belegt (Riek 1934, Rust 1973).

41 Schwirrgerät(?), Vogelherd KAT 92

BLASINSTRUMENTE

Die Entdeckung der altsteinzeitlichen Blasinstrumente kann mit dem Jahr 1860 verknüpft werden, in dem E. Lartet und H. Christy in der Höhle von Aurignac (Frankreich) einfach gelochte Tierphalangen (Finger- oder Zehenknochen) entdeckten. Als ähnliche Stücke in anderen Höhlen entdeckt wurden, bezeichneten sie diese als „whistles“ oder „sifflets“ und kamen zu dem Schluß, daß diese gelochten Zehenknochen als Jagdpfeifen zu interpretieren seien. Träfe die Deutung zu, so ließe sich mit diesen Instrumenten ein Mittel frühester Kommunikation über die Sprache hinaus erschließen. Die Phalangen stammen vom Rentier, Ur,
KAT 94B Elch, Wildpferd, Hirsch und Reh, von der Saiga-Antilope sowie von Gemsen und Steinböcken. Sie sind in den Inventaren des gesamten Jungpaläolithikums (Aurignacien bis Magdalénien) verbreitet. Zehenknochen aus Inzigkofen (Baden-Württemberg) belegt sie auch für die Jungsteinzeit. Teilweise machen die Löcher in diesen Knochen den Eindruck, sorgfältig und bewußt gearbeitet zu sein, daneben existieren aber auch schartige und unregelmäßige Ausführungen (D'Errico u. Villa 1997). Auch in der jüngeren Literatur werden Töne beschrieben, die durch das Überblasen der Lochkanten erzeugt werden (Dauvois 1994). Sieht man sich diese Phalangen jedoch näher an, so sind häufig Merkmale tierischen Verbisses zu erkennen (Chase 1990, Sutcliffe 1970). Gelochte Phalangen aus urgeschichtlichen Fundzusammenhängen ähneln häufig denen aus rezenten Hyänenfäkalien. Mitunter geben sich die deutlichen Spuren vermeintlicher Bearbeitung durch den Menschen mittels eines steinzeitlichen Werkzeuges als Nagespuren von Kleinsäugern zu erkennen. Somit können die Lochungen nicht in jedem Fall auf menschliche Tätigkeiten zurückgeführt werden. Wenn wir eine Deutung als Klanginstrument befürworten, so weist alles auf die auf einen Ton begrenzte Signalpfeife hin.

Die ältesten als Flöten diskutierten Funde stammen zumeist aus dem alpinen Raum und den angrenzenden Gebieten (Turk et al. 1997). Es handelt sich bei ihnen um
Bruchstücke von Höhlenbärenknochen, in denen ein oder KAT 93
mehrere Lochungen vorhanden sind (Albrecht et al. 1998). Hervorzuheben ist hierbei, daß diese „Flöten“ des späten Mittelpaläolithikums und des frühen Jungpaläolithikums einzig durch ihre Lochungen definiert sind. Nie ist das Mundstück erhalten. Geht man etwas genauer auf diese Fundgattung ein, so ist auffällig, daß alle „Höhlenbären-Knochenflöten“ aus Lokalitäten stammen, in denen der

Höhlenbär den größten Anteil an den fossilen Knochen stellt. Die Lochungen der Knochen sind häufig an den schwächsten Stellen angebracht. Im Knocheninneren sind zumeist noch Reste von Spongiosa erhalten. Somit ist der Knochen nicht vollkommen hohl bzw. die Oberfläche des Knocheninneren ist rauh. In solchen Knochen kann keine Luftsäule zum Schwingen und somit das Instrument nicht zum Tönen gebracht werden. Gegenbißmarken auf der den Löchern gegenüberliegenden Knochenseite und Nagespuren von Kleinsäugern weisen auf tierische Entstehung der Lochungen hin. Keines dieser Objekte zeigt Merkmale menschlicher Manipulationen. Nach der heutigen Fundlage ist die Instrumentengattung „Höhlenbären-Knochenflöte“ nicht mehr aufrechtzuerhalten (Holdermann u. Serangeli 1999).

Als sichere Flöten angesprochene Blasinstrumente treten erst in der jüngeren Altsteinzeit in Fundzusammenhängen des Aurignacien auf. Bei diesen Knochenflöten handelt es sich um zugerichtete Röhrenknochen von Säugetieren oder Vogelknochen, in die nach dem Reinigen des Knocheninneren Grifflöcher gebohrt wurden. Aus dem älteren Jungpaläolithikum des Geißenklösterle bei Blaubeuren (Alb-Donau-Kreis) sind gekerbte und gelochte Vogelknochen bekannt, die zu zwei Flöten gehören könnten (Hahn u. Münzel 1995). Das am besten zu rekonstruierende Stück ist
*Tafel 24,* KAT 85 aus einem Singschwanknochen (Radius) gefertigt worden. Auch hier, wie schon bei den Höhlenbärenknochenflöten, wird der Instrumententyp „Flöte“ über die reihig angebrachten Lochungen definiert. Geschnitzte Kerben belegen weitere Manipulationen und somit eindeutig die Fertigung des Objektes durch den Menschen. Jedoch bleibt auch bei diesem nur in Fragmenten erhaltenen Instrument unklar, wie viele Löcher es ursprünglich besaß, wie das Mundstück gestaltet war – letztendlich, wie diese Flöte gespielt wurde. Gute Vergleichsstücke bietet hier die Höhle von Isturitz im Pyrenäenvorland (Frankreich). Hier sind durch das gesamte Jungpaläolithikum hindurch fragmentierte Knochenflöten erhalten geblieben. Dominique Buisson datiert die meisten der in Isturitz gefundenen Knochenflöten in das mittlere Jungpaläolithikum, das Gravettien (Buisson 1990). Auch für Isturitz ist nicht mit letzter Sicherheit bewiesen, daß es sich in jedem Fall um Knochenflöten handelt. Die Beschaffenheit der Fundstücke legt diese Vermutung jedoch nahe. Darüber hinaus ist eine dieser Flöten mit vier Löchern als nahezu komplett anzusehen. Sie wird häufig **42** KAT 95
als Kerbflöte rekonstruiert. (Bei Kerbflöten entsteht der KAT 106
Ton durch das Überblasen einer scharfen Kante am Mundstück). Neben diesen eiszeitlichen Knochenflöten aus Vogelknochen sind auch solche aus Knochen von Säugetieren bekannt, wie die Flöte aus einer Rentiertibia von Grubgraben (Niederösterreich) (Einwögerer u. Käfer 1998). Auch KAT 94B

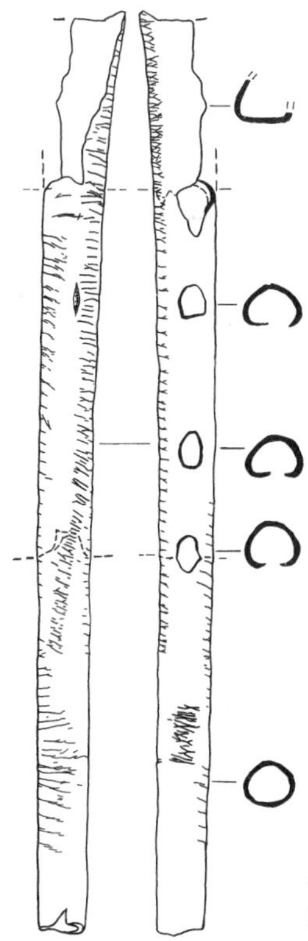

**42** „Knochenflöte“, Isturitz KAT 95

hier geben drei exakt gebohrte Öffnungen dem Knochen ohne Erhaltung eines Mundstückes das äußere Erscheinungsbild einer Flöte.

## Musik in der darstellenden Kunst

Zwischen diesen archäologisch überlieferten Instrumenten und der darstellenden Kunst der jungpaläolithischen Eiszeitjäger wurde in der Vergangenheit häufig versucht eine Verbindung zu schaffen, mit der Absicht, szenische Abbildungen von rhythmischen Tanzbewegungen mit altsteinzeitlichen Musikinstrumenten verknüpfen zu können. In diesem Sinne wurde auch die bildliche Darstellung

43 KAT 96 des „Flötenspielers" aus dem Magdalénien der Höhle Trois Frères (Frankreich) wiederholt diskutiert. Es handelt sich bei dieser Höhlenmalerei um eine Gestalt mit Bisonmaske, die möglicherweise einen länglichen Gegenstand in der einen Hand hält. Otto Seewald, einer der frühesten „Musikarchäologen", interpretierte dieses Objekt als Längsflöte. Neben dieser Deutung ist in der Literatur aber auch die Interpretation als Musikbogenspieler zu finden. (Bei einem Musikbogen wird die gespannte Bogenseite am Mund des Spielers ähnlich wie bei einer Maultrommel durch Schlagen in Schwingungen versetzt. Hierbei dient der Mund als Resonanzkörper.) Der abgebildete Gegenstand läßt jedoch keine Deutung als Klanginstrument zu. Das vermeintliche, durch zwei Striche angedeutete Instrument ergibt sich durch die gezielte Auswahl einzelner aus einer Vielzahl von sich überlappenden Strichen der Gesamtdarstellung. Eine Interpretation als Flöte ist unangebracht, da weder Löcher noch eine Anblasvorrichtung am Objekt zu erkennen sind.

Oben angeführte Überlegungen und diese kurze Darstellung der wichtigsten eiszeitlichen Klanginstrumente ergeben folgende Schlußfolgerungen: Es ist nicht möglich, eiszeitliche Musik zu rekonstruieren. Das als urgeschichtliches Musikinstrument gedeutete Artefakt kann in der Regel nur mittels einer Nachbildung in seiner Funktion erprobt werden. Dabei existieren oftmals mehrere wahrscheinliche Rekonstruktionsmöglichkeiten. Letztendlich bleiben die gesellschaftliche Funktion und der Anwendungsbereich eiszeitlicher Musikinstrumente dem modernen Betrachter verschlossen.

**43** „Flötenspieler" von Les Trois Frères KAT 96